UN
SIGNE
DE
TOI

De la même auteure, chez le même éditeur

Moi, j'y crois, 2021.

Merci, mon cher Nikos, pour ta photo.

ISBN : 978-2-8132-3111-6

www.editions-tredaniel.com
info@guytredaniel.fr
www.facebook.com/tredaniel.reflexion
@tredaniel_reflexion

NATHALIE
MARQUAY-
PERNAUT

UN SIGNE DE TOI

Son âme guide mes pas

Deuxième édition

Guy **Trédaniel** éditeur
19, rue Saint-Séverin
75005 Paris

Tu n'es plus là où tu étais,
mais tu es partout là où je suis.

Victor Hugo

À toi, mon amour

SOMMAIRE

2 MARS 2022

J'ai perdu un être cher.

Mon amour, mon mari, le père de mes enfants.

L'homme de ma vie.

Après plus de vingt années vécues main dans la main, la mort nous a séparés.

Mais seulement physiquement.

La mort ne peut faire que ça : les mains qui se tenaient, les corps qui s'enlaçaient, les séparer.

Son action s'arrête là.

Séparer les êtres, les êtres qui s'aiment, elle ne le peut pas.

Nous vivons toujours ensemble, Jean-Pierre et moi.

De là où je suis, de là où il est, de son monde invisible, nous continuons de communiquer.

Jean-Pierre m'envoie des signes.

Et son âme, chaque instant, veille sur moi.

Avec la mort, les êtres s'en vont, mais leur âme demeure.

Je peux témoigner de cela.

Je sens que je dois le faire.

Nous sommes tous tellement perdus, désemparés, face à la peine, face à la douleur que nous inflige la mort.

Il faut apprendre à faire son deuil, nous dit-on.

Qu'est-ce que cela signifie ? Accepter que tout soit fini, et tourner la page ?

Non, tout n'est pas fini.

Ce que dit le certificat de décès, signé par le médecin, remis à la famille, c'est exactement et simplement ça : le corps ne respire plus, son cœur s'est arrêté de battre, il est mort.

Ce que le certificat de décès ne dit pas, parce que c'est invisible et invérifiable, c'est que, de cette enveloppe corporelle désormais inerte, une âme s'est envolée.

Elle a rejoint l'au-delà.

Entre la planète Terre, sur laquelle nous vivons, et l'au-delà, où résident les âmes, il existe une voie de communication.

Celles et ceux qui savent voir, entendre, qui savent reconnaître les signes que leur envoie l'âme de l'être cher, disparu, la connaissent bien.

Je l'ai découverte, moi, le jour où, pour la première fois, j'ai perçu le signe que l'âme de ma grand-mère Geneviève m'envoyait.

Depuis, je vis avec mes âmes.

Le 2 mars 2022, Jean-Pierre est parti les rejoindre.

Formulant le vœu que mon témoignage puisse apporter un peu de lumière à celles et ceux qui se trouvent dans la souffrance de la perte d'un être cher, je vais vous raconter comment se passe notre vie désormais. Comment notre amour continue.

Pour l'éternité.

Nathalie

ARRÊTER LE « 13 HEURES »

« Mesdames et messieurs, bonjour ! Ça y est, c'est fait, c'était la dernière fois que je vous le disais. Journal un peu particulier, vous le savez, mon 7000e déjeuner avec vous. Je ne sais rien de ce qui va se passer jusqu'à 14 h 15. Mon équipe m'a préparé plein de surprises, je ne sais pas lesquelles… On regarde l'actualité, en commençant bien évidemment, on ne va pas changer aujourd'hui, par la météo… »

Ce vendredi 18 décembre 2020, c'est un Jean-Pierre en apparence aussi détendu et enjoué que d'habitude qui ouvre le « 13 heures » de TF1.

La réalité est tout autre.

Jean-Pierre est rempli d'inquiétude, craignant de se voir dépassé par l'émotion et de ne plus avoir la maîtrise du déroulement de son journal.

Son dernier « 13 heures ».

La fin de plus de trente ans de rendez-vous quasi quotidiens avec des millions de Français (4,5 en moyenne), avec, toujours ancrée en lui, cette volonté de leur apporter une information qui réponde à leurs préoccupations, en leur donnant les nouvelles du monde et du pays, bien sûr, mais aussi, et peut-être surtout, celles des régions, qui sont si chères à son cœur.

Dans quelques minutes, il aura tourné une page, la grande page de sa vie professionnelle, celle qui aura fait de lui le roi de l'information et la personnalité de télévision préférée des Français.

À la maison, depuis une semaine, lui qui a toujours travaillé sans prompteur s'est mis en tête de rédiger son message d'au revoir.

Chaque jour, il a noirci des pages et des pages, m'en a lu quelques-unes afin que je lui donne mon avis : toutes ont fini dans la corbeille.

La veille de ce jour si particulier, comme s'il se rendait à une cérémonie, il s'est inquiété du costume qu'il devait porter, jusqu'à me questionner sur la couleur de sa chemise : « Je mets la bleue ? » J'ai esquissé un sourire et, pour désamorcer son stress, lui ai répondu : « Non, plutôt la rose. »

À ce stress se sont ajoutées les nombreuses sollicitations de la presse. Journaux, magazines, radios, télévisions : tout le monde voulait avoir son interview de Jean-Pierre Pernaut, savoir pourquoi il avait pris cette décision de s'en aller, alors que les audiences étaient au top et qu'il semblait tellement épanoui dans son travail, savoir aussi ce qu'il allait faire après, quels étaient ses projets...

Arrêter le « 13 heures » : cette décision, Jean-Pierre l'a prise il y a quelques semaines, au cours de l'été.

Bien sûr, elle a été longuement mûrie.

Si, depuis quelque temps, Jean-Pierre avait envie de changer de rythme, et si, de mon côté, je l'encourageais à le faire, pour lui, cela signifiait accomplir un geste extrêmement difficile : couper le lien professionnel si fort qui l'unissait à la rédaction du « 13 heures », à Paris et dans les régions, et le lien d'amitié qu'il avait avec ces millions de personnes qui, chaque jour, à travers la France, à l'heure du déjeuner, venaient le retrouver.

Deux événements ont motivé sa réflexion.

Dans un premier temps, des ennuis de santé.

À l'été 2018, une sérieuse alerte : le cancer de la prostate.

Un combat à mener.

Une guerre à gagner.

Une guerre dont j'ai déjà l'expérience.

En 1998, jeune femme de trente ans, j'ai eu à me battre contre la leucémie, et je l'ai vaincue.

Grâce aux médecins, bien sûr.

Grâce au soutien de mes proches, bien sûr.

Grâce aussi, j'allais dire *surtout*, à ma bonne étoile et à cette conviction extrêmement puissante qu'elle m'a transmise et dans laquelle j'ai trouvé la force de lutter : le cancer ne l'emportera pas, je vais guérir.

Cette conviction, lorsque Jean-Pierre se voit annoncer qu'il a un cancer de la prostate, je la retrouve.

Pour moi, c'est certain, je le sens au plus profond de moi, ce cancer ne va pas l'emporter.

Ni celui-là ni aucun autre : Jean-Pierre ne mourra pas d'un cancer.

Alors, bien sûr, je me suis interrogée sur ce que je devais faire de cette conviction si forte, ne laissant en moi la place à aucune forme de doute : la dire à Jean-Pierre ou la lui taire ?

La lui dire, bien sûr ! La lui dire pour le rendre plus fort encore !

Car Jean-Pierre a choisi de se battre.

À l'annonce du diagnostic, loin de se laisser gagner par l'angoisse, pensant à ses enfants, à moi, pensant à ses proches, à ses amis, pensant à ses fidèles téléspectateurs du « 13 heures » : presque avec détachement (voire un certain enthousiasme, celui qu'il met dans tout ce qu'il fait), il s'est lancé dans le combat.

Un combat qu'il n'est pas question de cacher.

Jean-Pierre a toujours soutenu mon engagement dans la lutte contre le cancer, lutte qui, pour moi, passe par assumer la maladie.

Aussi terrible, aussi effrayante soit-elle, la nommer, en parler, ne pas en avoir honte.

À présent qu'elle le concerne directement, c'est ce qu'il fait : « *Je dois m'absenter quelque temps de la présentation du JT de 13 heures. J'ai en effet subi une intervention chirurgicale pour un cancer de la prostate. Tout va bien* », écrit-il, à la rentrée, sur son compte Twitter afin que le public sache ce qui lui arrive.

Puis, deux semaines seulement après avoir été opéré, cette fois à travers un message vidéo :

« Salut à tous, je voulais vous donner quelques nouvelles. Tout va pour le mieux, comme vous pouvez le constater. Tout s'est bien passé. Vous savez, on est 70 000, tous les ans, à être opérés d'un cancer de la prostate, en France. C'est pour ça que j'en ai parlé. Il faut savoir se battre et puis faire confiance aux médecins. Tout peut très bien se passer, comme ça s'est très bien passé pour moi. Voilà, je voulais surtout vous remercier pour vos innombrables messages de soutien après cette opération, ils me sont allés droit au cœur, et ça fait énormément de bien. Salut à tous, et à bientôt, le temps de me remettre complètement. »

Ce temps n'a pas été très long. Quelques semaines plus tard, alors que les médecins lui préconisaient deux mois et demi supplémentaires de repos, le lundi 12 novembre très exactement, c'est un Jean-Pierre rayonnant qui ouvre le « 13 heures ».

La vie reprend son cours.

Pour Jean-Pierre, le réveil à 6 heures, des journées de travail à TF1 qui se prolongent, le retour à la maison pas avant le début de soirée, quelques heures seulement pour souffler, se détendre auprès des siens.

Un rythme évidemment trop soutenu, c'est ce que je pense, et qui désormais m'inquiète, pour un homme en rémission d'un cancer, grand fumeur, et qui, le 8 avril 2020, aura soixante-dix ans.

Cet anniversaire, nous le fêtons à la maison.

Trois semaines plus tôt, le 17 mars, à midi, le Covid-19 a enfermé les Français chez eux.

Nous sommes confinés.

Comme nombre de familles, le salon transformé, non pas en bureau, mais en plateau de télévision, nous découvrons les joies du télétravail.

Compte tenu de ses récents problèmes de santé, et de son âge, j'ai en effet insisté auprès de Jean-Pierre pour qu'il ne prenne aucun risque, lui suggérant de demander à TF1 de faire en sorte qu'il soit protégé de tout risque de contamination.

La chaîne, je lui en suis reconnaissante, a été immédiatement compréhensive, et comme, de l'avis de tous (à commencer par celui de Jean-Pierre !), il n'était absolument pas envisageable qu'il délaisse les téléspectateurs dans une période aussi pénible et angoissante, un nouveau programme a été imaginé : à la fin du « 13 heures » présenté en plateau, à TF1, le « 13 heures à la maison » de Jean-Pierre Pernaut !

La chaîne a alors dépêché deux techniciens dans notre salon pour y installer caméra, micro, projecteurs : toute la technologie nécessaire pour assurer un direct quotidien dans les meilleures conditions possible, et Jean-Pierre s'est mis au travail.

Chaque matin : briefings avec la rédaction, réunions en visioconférence avec les correspondants en région.

À 13 h 30, le direct.

Là, Jean-Pierre sait qu'il peut compter sur une équipe technique certes moins nombreuse et compétente que celle avec laquelle il a l'habitude de travailler, mais ô combien dévouée, même à distance !

Et puis, sur ce plateau *à domicile*, s'il y a un projecteur à régler, le diaphragme de la caméra à légèrement ouvrir ou fermer, un maquillage à peaufiner : pas de problème, nous sommes là, Lou, Tom et moi !

Chacun a su trouver sa place, endosser son rôle avec sérieux, faisant de cette période difficile un extraordinaire moment de complicité, et de fierté : une période inoubliable.

Ce « 13 heures à la maison » s'est prolongé aussi longtemps que le confinement : ce n'est que début juin que Jean-Pierre a pu retourner à TF1, et que notre salon a pu retrouver sa fonction première.

Nous avons réappris la vie de famille, le partage des tâches ménagères, le respect du rythme et du besoin d'isolement de chacun.

De nous quatre, c'est sûrement Jean-Pierre qui a le plus réappris, tant il est vrai qu'avant la pandémie, hormis le week-end, il passait somme toute peu de temps à la maison.

Durant ces trois mois, le journaliste a aussi été un homme au foyer, qui fait le ménage, la vaisselle, la lessive, un peu de cuisine, de bricolage, de jardinage...

Durant ces trois mois, surtout, Jean-Pierre a pris du temps pour lui. Comme il l'a dit dans une interview, *il a appris à vivre tranquillement*.

Alors, naturellement, l'idée de changer de rythme est revenue le titiller.

Nous en avons reparlé.

Le confinement nous a aussi donné du temps pour ça : faire le point sur nos vies, en remettre en cause certains aspects, esquisser des changements, échafauder des projets…

Tout en se demandant s'il ne devrait pas lever le pied, Jean-Pierre a du mal à envisager clairement d'arrêter le « 13 heures ».

Ce journal, c'est vrai, est un peu « son » journal.

Il l'a inventé, lui donnant une identité qui, avant lui, n'avait que très peu de place à la télévision : l'information de proximité.

Et puis il y a la durée : premier « 13 heures », 22 février 1988 !

Trente-deux ans d'une vie professionnelle extrêmement riche, intense.

Mettre fin à tout cela, je le comprends, ne va pas de soi.

Je le comprends, mais pas au point de laisser Jean-Pierre remettre encore ce projet à plus tard.

C'est maintenant qu'il doit arrêter.

Bien que, chaque jour, son enthousiasme soit intact pour se lever à l'aube et partir travailler jusqu'au soir, Jean-Pierre est un homme de soixante-dix ans, qui connaît tout de même des ennuis de santé : continuer à ce rythme infernal n'est pas raisonnable.

Alors, libre à lui de continuer ce métier de journaliste dont je sais bien qu'il ne pourrait être heureux sans l'exercer d'une manière ou d'une autre, j'essaie de le convaincre d'arrêter le « 13 heures » : je lui demande ça, uniquement ça.

Jean-Pierre m'écoute, ainsi que les enfants, qui pensent comme moi.

Il se montre plus réceptif à nos arguments qu'il y a quelques mois.

Avec ça, le confinement levé, le retour à TF1 lui permet de prendre un peu plus conscience de la réalité : le « 13 heures » lui demande d'avoir un rythme personnel quotidien qui lui devient de plus en plus difficile à soutenir…

Durant les vacances, Jean-Pierre et moi prenons la décision et, dès la rentrée, le 15 septembre, il en informe le public par ces mots :

« Bonjour à toutes et à tous. J'ai décidé d'enregistrer cette vidéo pour vous donner directement, comme je le fais d'habitude, une information importante pour vous comme pour moi, que j'ai annoncée ce matin à la rédaction de TF1 et à nos correspondants en région. Pendant le confinement, vous vous en souvenez, vous avez plébiscité mon "13 heures à la maison" et juste après, dans un sondage, vous m'avez même sacré, entre guillemets, "personnalité télé préférée des Français". Les audiences du journal sont toujours aussi formidables, pour ce rendez-vous unique que nous avons depuis trente-trois ans – trente-trois ans, rendez-vous compte, un tiers de siècle de passion, de fierté aussi. Mais j'ai décidé, et c'est ça, l'information que je voulais vous donner, de changer de rythme et de transmettre le flambeau du journal dès la fin de cette année. Pour autant, je ne quitte ni ce métier, ni le groupe TF1, ni le lien qui m'attache tellement à vous… »

Dès la fin de cette année…
Je compte les jours.

JE SAIS QU'IL VA MOURIR AVANT SES SOIXANTE-DOUZE ANS

J'aime un homme plus âgé que moi.

Au merveilleux moment de notre rencontre, j'ai trente-quatre ans, Jean-Pierre, cinquante et un.

Et alors ?!

Quand on vit un coup de foudre comme celui que nous vivons, l'âge n'a aucune importance, et s'il y en a que cela dérange, nous n'en avons rien à faire.

Nos cœurs, et nos corps, sont remplis de la joyeuse naissance de l'amour.

Et l'amour n'a pas perdu de temps…

Il nous permet de faire ce qu'il y a de plus beau : des enfants.

Lou est née en décembre 2002, Tom en décembre 2003.

Heureux événements qui nous conduisent vers le mariage, cinq ans après notre rencontre.

Des années d'immense bonheur.

Un grand ciel d'été qu'un nuage terrifiant est venu subitement assombrir...

Jean-Pierre allait joyeusement vers ses soixante ans. Nous avions décidé de nous lancer ensemble dans une nouvelle aventure : l'écriture d'une pièce de théâtre.

Son titre ?

Piège à Matignon.

Son sujet ?

« Les petits et grands malheurs des hommes politiques lorsque des rumeurs sur leur vie privée viennent à circuler sur Internet... »

Une pièce bourrée d'un humour ravageur, dont l'écriture nous amusait beaucoup, et qui allait faire rire des salles entières dans les théâtres où je l'ai ensuite jouée, en compagnie de talentueux camarades, durant cinq saisons...

Et c'est là, dans ces jours pleins d'éclats de rire, que, brusquement, à l'intérieur de moi, le noir s'est fait.

Une prémonition.

Une épouvantable prémonition : je vois Jean-Pierre mourir avant l'âge de soixante-douze ans.

C'est simple et net.

C'est impossible à effacer de mon esprit : Jean-Pierre va mourir avant ses soixante-douze ans.

Je dois vivre avec ça.

Seule avec ça.

Seule, car, évidemment, cette mort dont je connais l'échéance, pas question de la dire au premier concerné, à Jean-Pierre, Jean-Pierre avec qui je suis unie à la vie, à la vie et à la vie toujours...

Frappée par la certitude impitoyable de connaître l'âge de la mort de l'homme que j'aime, je dois suivre cette règle qui est celle des voyants : on ne prédit pas la mort.

Me voilà porteuse d'une charge accablante, si lourde que je dois trouver des personnes pouvant la porter avec moi.

C'est naturellement vers mes proches, la famille et les amis, que je me tourne. Vers ma sœur Myriam, mon amie Karine Le Marchand, nos amis Gwen et Olivier, et vers Muriel bien sûr...

Les années sont passées avec, pour moi, cette échéance fatale qui ne me quittait pas et devenait obsessionnelle à l'approche de la date fatidique.

D'où mon insistance pour que Jean-Pierre arrête le « 13 heures ».

D'où mon aplomb lorsque Jean-Pierre a connu ses premiers ennuis de santé, son cancer de la prostate : puisque *ce n'était pas l'heure*, ce cancer, je savais qu'il le vaincrait.

Les années sont passées comme ça.

Chaque 8 avril, jour de son anniversaire, il y a eu, cognant au fond de moi, le décompte terrible.

UNE PARENTHÈSE ENCHANTÉE

« Il est temps pour moi de dire au revoir aux téléspectateurs. Je m'y prépare depuis des mois, pourtant j'ai du mal à garder la tête froide. Comment le pourrais-je après tant d'émotions, tant de surprises... Après trente-trois ans avec vous, on a forgé un lien très fort. Je dois vous dire que j'y ai mis toute ma passion, pendant presque la moitié de ma vie. Vous le savez, c'était un honneur de pouvoir traverser la petite et la grande histoire du monde grâce à vous, à votre fidélité et, pour beaucoup, eh oui ! celle de vos grands-parents et de vos parents. Ça a été une extraordinaire aventure que d'impulser le travail de tant d'équipes pendant toutes ces années, vous écouter, faire entendre ceux qu'on n'entend pas ailleurs. Ça a été une révolution, ma ligne de conduite depuis trente-trois ans, et j'en suis très fier : faire entendre et montrer toutes les richesses de nos régions, jusque dans les plus petits villages. Merci à mes trois patrons, merci de m'avoir laissé cette liberté, formidables liberté et indépendance sans lesquelles ce métier n'aurait aucun intérêt. Je voudrais remercier tous nos correspondants dans les régions, c'est l'âme du journal. Je suis très triste de les quitter aujourd'hui, ils se sont tellement battus à mes côtés. Merci aux journalistes, aux techniciens, aux assistants, qui ont réussi, avec beaucoup de talent, à construire un journal tous les matins et à informer la famille du "13 heures" pendant trente-trois ans. Il y a un élément de la famille qui s'en va, mais le reste de la famille va continuer de travailler avec Marie-Sophie. Donc, j'arrête. Avouez qu'à mon âge, on peut avoir envie d'un autre rythme. J'ai une pensée pour ma femme, qui était là tout à l'heure, pour ma mère qui, pendant trente ans, n'a jamais manqué un journal… Elle nous regarde sans doute de là-haut… Mais je ne vous quitte pas pour autant… Il y a une nouvelle chaîne qui se crée sur Internet, la "JPP TV", je vous retrouverai aussi toute la semaine sur LCI, avec "Jean-Pierre et vous", une émission qui vous donnera encore la parole. Voilà, j'arrête, le cœur serré. Je suis confiant pour la suite, Marie-Sophie adore les régions, je lui laisse les clés volontiers. Merci à tous. Dernier au revoir. Je vous souhaite un joyeux Noël, malgré les difficultés, vivement la prochaine année. Je vous embrasse du fond du cœur. Merci. Je vous aime. Je ne vous oublierai jamais. »

Voilà, Jean-Pierre a pris congé de ces millions de personnes (plus de huit millions pour cet ultime rendez-vous !) qui, aux quatre coins de la France, composaient sa « famille du 13 heures ».

Lorsque, ce vendredi 18 décembre 2020, au début de l'après-midi (le journal a été beaucoup plus long que d'habitude !), tentant de retenir ses larmes, Jean-Pierre a fini de prononcer ces mots, je pense, un peu égoïstement (j'ai déjà reçu des messages me reprochant d'avoir incité Jean-Pierre à arrêter !), qu'il va maintenant pouvoir se reposer, moins travailler, et ainsi plus profiter de sa famille.

Je me trouve dans les coulisses.

Quelques minutes auparavant, avec Lou, Tom et son petit-fils Léo, nous sommes allés sur le plateau pour l'embrasser.

La surprise des surprises : en vingt ans, c'est la toute première fois que Jean-Pierre me voit sur son lieu de travail !

Ce geste, nos baisers, sont notre manière de lui dire que nous sommes fiers de cette incroyable carrière, de sa longévité à la tête du « 13 heures » et de l'amour que lui portent les téléspectateurs qui l'ont élu maintes fois parmi les personnalités préférées des Français.

Et tout est allé très vite.

Jean-Pierre a troqué son costume-cravate de présentateur pour la tenue de vacancier, et, en compagnie des enfants et de nos meilleurs amis, direction les Caraïbes, et plus exactement la République dominicaine, un club de vacances (le premier à avoir rouvert dans un monde encore largement confiné), paradis de sable blanc et de mer turquoise que j'ai rejoint après avoir participé, en tant que membre du jury, à l'autre grand événement télévisuel de cette fin d'année : le centenaire de l'élection de Miss France.

Et ce furent, après une année tellement éprouvante et chargée d'émotions, de merveilleuses vacances !

Oublié le Covid (ou presque : l'établissement a mis en place des règles très strictes, mais avec le soleil, et l'ambiance de détente qui règne, elles sont, je dois dire, beaucoup plus faciles à respecter qu'à Paris !), oublié le journal de 13 heures !

Nous passons dix jours à ne connaître que l'instant présent, avec cette volonté tout à fait claire : en profiter un maximum !

Avec un tel programme (respecté à la lettre !), c'est un Jean-Pierre bronzé et en pleine forme qui revient à Paris, pour s'atteler à ses nouveaux projets, à la télévision sur LCI, sur Internet avec la « JPP TV », mais aussi dans la presse écrite, avec le lancement, en tant que rédacteur en chef, d'*Au cœur des régions,* magazine bien évidemment consacré à son sujet de prédilection.

Autant dire qu'il n'est pas à la retraite, qu'il ne va pas chômer.

Mais rien à voir avec la vie d'avant.

Jean-Pierre n'est plus tenu de se lever chaque jour à 6 heures. Il peut désormais organiser son agenda de façon plus souple. S'il veut traîner un peu à la maison le matin, s'accorder, lorsqu'il en ressent le besoin, un moment de pause, il peut le faire.

Bref, une nouvelle vie commence.

Qui ne va durer que quelques mois...

Si, pour moi aussi, les vacances ont été comme un grand bain de lumière et de joie de vivre, si, libéré de son « 13 heures », Jean-Pierre s'est engagé dans ses nouvelles activités avec une belle énergie, tout en appréciant de pouvoir prendre plus de temps pour lui et les siens, mon affreuse prémonition est toujours là, au fond de moi.

Quel crédit lui accorder ?

Les prémonitions, bonnes ou mauvaises, je suis habituée à vivre avec depuis très longtemps. Je sais qu'elles se révèlent exactes dans la grande majorité des cas. Ce qui ne veut pas dire toujours. J'ai donc un petit espoir, quelque chose d'assez fragile, mais à quoi je peux tout de même me raccrocher...

Alors, pour m'aider à y croire, je continue à inciter Jean-Pierre à prendre soin de sa santé.

Je l'encourage à aller faire des analyses, à consulter ses médecins, pour son cœur, le suivi de sa rémission du cancer de la prostate... Bien que n'aimant pas trop passer du temps dans les cabinets médicaux et les laboratoires, Jean-Pierre s'y rend, et en revient avec des résultats tout à fait rassurants.

Tout va bien donc.

Je veux y croire.

Croire à ce que disent les analyses, les médecins, à leur vérité scientifique.

Croire à notre bonheur présent, que la vie serait bien mal inspirée de vouloir ternir.

Je veux y croire de tout mon cœur.

MON CAUCHEMAR PRÉMONITOIRE

C'est vers fin février, début mars, on sort doucement de l'hiver.

Un week-end, Jean-Pierre et ses deux fils, Olivier et Tom, tous les trois férus de course automobile, se rendent sur le circuit de Magny-Cours. Olivier et Tom vont y disputer une épreuve de la Fun Cup.

Dans la nuit du samedi au dimanche, je dors mal.

Je fais un cauchemar, je vois un accident, non pas de circuit, mais de la route. Jean-Pierre est au volant, Tom est le passager.

Malgré l'extrême violence de l'accident, ils sont indemnes, pas la moindre blessure.

Mais cette chose étrange : Jean-Pierre a le corps entièrement recouvert d'une épaisse couche de suie noire.

Le dimanche, en fin d'après-midi, je suis soulagée, tout va bien, ils sont de retour à la maison, ravis de ce week-end durant lequel ils ont pu vivre ensemble leur passion.

Il se trouve que, depuis quelques jours, Jean-Pierre tousse. Une toux qui n'a rien à voir avec sa toux habituelle de gros fumeur.

Une méchante toux.

On pense à une bronchite. Dans quelques jours, ce sera passé. Mais non, ça ne passe pas. Le lundi, lendemain de mon cauchemar, Jean-Pierre va faire une radio des poumons.

Et le verdict tombe : le cliché montre une tache suspecte, assez petite, trois millimètres, mais suffisamment inquiétante pour que le médecin lui fasse passer un PET-scan, examen d'une très grande efficacité dans la détection des tumeurs cancéreuses.

Ce que Jean-Pierre appelle une « cochonnerie ».

De retour de l'hôpital, c'est ce qu'il nous annonce, non pas sur un ton détaché, mais sans dramatiser : le PET-scan lui a détecté une « cochonnerie ».

Mon cauchemar, cet accident, Jean-Pierre qui n'est pas mort, mais qui a le corps recouvert de poussière noire, d'une épaisse couche de suie : à ce moment-là, je comprends ce qu'il signifie.

Cancer.

ENSEMBLE CONTRE LE CANCER

Le cancer du poumon, nous en connaissons la gravité.

Il représente 20 % des décès dus à un cancer. Le cancer de la prostate, en comparaison, n'en représente que 6 %.

Les chiffres sont là, mais pas question de se laisser gagner par l'angoisse qu'ils génèrent. Pas question de baisser les bras : on va à nouveau se battre.

Ma détermination, je la communique à Jean-Pierre en lui prenant les mains, et en le regardant droit dans les yeux.

— Une nouvelle fois, tu vas être le plus fort, Jean-Pierre. Une nouvelle fois, c'est toi qui vas gagner, je le sais.

Un temps, Jean-Pierre a accusé le coup, c'est bien normal, mais je n'ai pas eu besoin d'en faire et d'en dire beaucoup plus pour qu'il reprenne confiance et retrouve en lui la motivation et l'énergie nécessaires pour se lancer dans le combat.

Combat qui, d'emblée, s'annonce extrêmement rude.

Des examens complémentaires lui apportent en effet une très mauvaise nouvelle : la tumeur n'est pas opérable.

Jean-Pierre se voit prescrire un traitement par radiothérapie.

Le voilà, au téléphone avec le service compétent, en train de caler dans son agenda une série de séances.

Ce qui me met hors de moi.

Je pense que Jean-Pierre va trop vite, qu'on ne peut pas, face à un diagnostic aussi grave – une tumeur non opérable –, se fier à un seul et unique avis.

Une erreur est toujours possible.

Notre combat, nous ne le gagnerons pas seuls : nous devons pouvoir compter sur les meilleures expertises, les meilleurs traitements. Pour cela, il nous faut la meilleure équipe.

C'est à l'hôpital Georges-Pompidou que nous la trouvons, dans le service du professeur Françoise Le Pimpec-Barthes.

Jean-Pierre y passe de nouveaux examens et là, les choses prennent une tout autre tournure : la tumeur est opérable, l'opération est programmée pour le 5 juillet !

Cela signifie que nous allons passer l'été à l'hôpital, auprès des médecins.

Ce sera notre dernier été…

Mon affreuse prémonition refait surface.

De sa voix d'outre-tombe, sans pitié, elle me rappelle ce que j'ai peut-être voulu un peu vite oublier : Jean-Pierre mourra avant ses soixante-douze ans. Pas de ce cancer, mais de…

De quoi ?

Jean-Pierre va mourir ? Mais moi aussi, je vais mourir ! Tout le monde va mourir, à chaque instant tout le monde peut mourir !

J'ai ce moment de révolte contre mon atroce prémonition. Je veux la faire taire, l'étrangler, la jeter aux ordures, l'envoyer au diable.

La meilleure arme que je trouve pour cela, c'est la vie, l'amour de la vie. Le soleil.

Je propose à Jean-Pierre d'aller passer quelques jours tous les deux dans le Sud, à Pramousquier, dans la maison familiale, à laquelle nous rattachent tellement de beaux souvenirs, les rires et les bêtises des enfants lorsqu'ils étaient petits et jusqu'à aujourd'hui, les longues soirées d'été avec nos proches, les amis de passage... Nous deux...

Un petit séjour de farniente, juste lui et moi, histoire de nous changer les idées, d'être simplement tous les deux, de profiter ensemble de quelques douceurs de la vie et d'ainsi se préparer au mieux pour ce rendez-vous du 5 juillet, à l'hôpital Georges-Pompidou.

Jean-Pierre accueille mon idée avec un grand sourire, un sourire qui fait franchement plaisir à voir lorsque je lui propose de ne rentrer que le jour de son hospitalisation : directement de la plage à sa chambre d'hôpital ; il aura encore du sable entre les doigts de pieds !

Nous passons, sous le soleil de Provence, au bord de la grande bleue, dans notre maison comme un nid d'amour, les moments les plus complices, les plus tendres.

Moments que je m'astreins à partager un peu sur les réseaux sociaux : les rumeurs qui commencent à courir à Paris, sur Jean-Pierre qui connaîtrait à nouveau des ennuis de santé, m'y contraignent.

Mes posts montrent un Jean-Pierre Pernaut éclatant de santé, rayonnant de bonheur, savourant ses plats préférés dans son restaurant fétiche au bord de l'eau.

Je n'en connais pas un autre.

L'HÔPITAL DEVIENT NOTRE RÉSIDENCE SECONDAIRE

Dimanche 4 juillet 2021, fin de notre séjour en amoureux.

Le dernier ?

Je ne pense pas à ça.

Ni Jean-Pierre, je crois.

Nous sommes maintenant tous les deux entièrement tournés vers la réalité qui nous attend là-bas à Paris, à l'hôpital Georges-Pompidou.

Une réalité que nous avons choisi d'affronter directement. Pas question de nous attarder (Jean-Pierre est de toute façon un maniaque de la ponctualité), pas question de faire de détour, de nous dérober.

Faire face.

Et le faire à notre manière, c'est-à-dire avec un certain sens de l'humour.

La chambre d'hôpital, nous y entrons comme dans une chambre d'hôtel. Elle est assez grande, nous apprécions son aménagement, la salle de bains, le lit (bon, évidemment, ce n'est pas un *king size*), et cette grande baie vitrée qui nous offre une vue magnifique… sur le sud-ouest de Paris, un dimanche soir de juillet, sous la pluie…

Cette vision de « vacanciers », nous en faisons une petite vidéo que nous envoyons aux enfants.

L'écrivain Georges Duhamel disait : « L'humour est la politesse du désespoir. » Pour nous, dans ce moment difficile, c'est exactement ça, et Jean-Pierre, lorsque je le quitte, m'offre un visage plein de sérénité et de confiance, avec ce sourire à la fois tendre et malicieux que j'aime tant, qui est tout lui.

Le lendemain, je suis de retour dans cette chambre dès midi.

Jean-Pierre naturellement n'y est pas, il a été opéré dans la matinée. Je n'en sais pas plus. En temps utile, on me tiendra informée. Je dois patienter.

Me voilà donc à attendre, à tourner dans cette chambre comme un lion en cage.

Les heures passent avec une lenteur extrême : c'est une véritable torture.

13 heures, 14 heures, 15 heures, 16 heures : toujours personne, aucune nouvelle.

17 heures : le médecin, enfin.

Il me dit que l'opération, qui a été assez lourde (le retrait de la moitié d'un poumon et de ganglions), s'est parfaitement déroulée. Que Jean-Pierre est maintenant en salle de réveil, où il doit rester sous surveillance toute la nuit. Que je ne pourrai pas, hélas, le voir aujourd'hui.

Je rentre à la maison déçue, essayant de me rassurer avec ces quelques informations que le médecin a bien voulu me donner.

Le lendemain, vers 11 h 30, enfin nous nous retrouvons.

Jean-Pierre se remet péniblement. Une inflammation, causée par l'opération, lui déclenche de violents accès de toux.

La convalescence va être longue, nous ont annoncé les médecins, avec un retour à la maison qu'on ne peut raisonnablement entrevoir avant trois semaines.

Ce processus, aussi lent qu'incertain, Jean-Pierre s'y engage avec une détermination admirable, et je suis à ses côtés, chaque jour, aussi longtemps que cela m'est autorisé (souvent un peu plus...), pour lui apporter tout le soutien possible.

Étrange mois de juillet, que nous passons dans cette chambre d'hôpital devenant jour après jour comme notre *chez-nous*.

Jean-Pierre alterne des moments de grande fatigue et de souffrance avec des moments plus détendus, où la vie semble tranquillement reprendre le dessus.

J'essaie d'être, en toute circonstance, d'humeur égale, toujours légère et positive. Je tâche de me concentrer sur le moment présent et d'oublier la cruelle absurdité de la situation : Jean-Pierre se bat, et je me bats avec lui, pour aller mieux, et rentrer à la maison, reprendre ses activités, retrouver le cours de sa vie, cours dont je sais qu'il n'est plus très long.

Étrange mois de juillet, oui, que le ciel a décidé de rendre plus étrange encore : jamais, je crois, un mois de juillet n'a été aussi gris, aussi pluvieux !

Des longues heures passées dans cette chambre d'hôpital, auprès de Jean-Pierre, je garde le souvenir de cette lumière un peu triste au-dehors.

Lorsque Jean-Pierre s'est assoupi, je reste là, perdue dans mes pensées, à regarder la pluie tomber, à suivre des yeux les gouttes qui glissent sur la grande baie vitrée...

ON VEUT Y CROIRE

S'il y a bien une chose que Jean-Pierre a toujours détestée, c'est ennuyer son entourage avec ses problèmes, petits ou grands.

Alors, lorsque la perspective de sortir de l'hôpital se dessine, il me le dit clairement : pas question d'annuler les vacances en Sicile ! Si, pour lui, c'est râpé, évidemment, pour Tom et moi (Lou passe son mois d'août avec des amies), il ne faut rien changer.

Pour défendre son point de vue (point de vue que j'ai franchement du mal à accepter !), Jean-Pierre a un argument imparable : que l'on soit privés de vacances à cause de lui le rendrait à ce point malade que sa convalescence en serait gravement affectée. Et puis, ajoute-t-il, pour le programme qui doit être le sien durant les semaines à venir, à savoir du repos et un peu d'activité physique (marche, vélo d'appartement), vraiment, il n'a pas besoin d'assistance…

C'est donc ainsi que cela se passe : début août, Lou part profiter de l'été avec ses amies, nous partons, Tom et moi, en Sicile, laissant Jean-Pierre seul à la maison…

Seul, tout de même pas…

Muriel, ma chère, ma précieuse, ma généreuse Muriel est là. Elle qui habite une maison située dans notre propriété viendra chaque jour voir Jean-Pierre, lui apportant sa bonne humeur, sa bienveillance, son amitié joyeuse… Sans oublier ces gourmandises dont Jean-Pierre raffole, de petits gâteaux et de grosses cerises…

Pour que notre séparation n'en soit pas tout à fait une, il y a Muriel, parfaite dans son nouveau rôle d'infirmière, et il y a les moyens de communication modernes : chaque jour, de notre rivage enchanté du nord de la Sicile, j'appelle Jean-Pierre par FaceTime, et je l'oblige alors, en *live*, à monter sur son vélo.

Nous passons ainsi un bon moment ensemble.

Je scrute son visage sur l'écran, y cherchant les signes de l'amélioration de sa santé. *Idem* pour la voix, je l'écoute avec attention afin d'y déceler un peu de fatigue ou, tout au contraire, et c'est ce que j'espère au plus haut point, un regain d'énergie.

Jean-Pierre me raconte ses journées entièrement consacrées au programme qui lui a été prescrit :

du repos, essentiellement du repos, plus un peu d'exercice physique.

Si je crois ce qu'il me dit, si je me fie à son air détendu et confiant, tout se passe pour le mieux. Cependant, je ne suis pas dupe : il souhaite me préserver.

Ce que me rapporte Muriel est effectivement moins encourageant.

Jean-Pierre continue de souffrir, une douleur lancinante sur le côté que les médecins ont du mal à identifier, et l'énergie pour les activités physiques lui manque.

Ces deux semaines siciliennes (à Cefalú, site exceptionnel de beauté et propice au farniente le plus enchanteur), dont j'aurais aimé, en des circonstances normales, qu'elles ne finissent jamais, je ne suis pas mécontente de les voir se terminer.

De retour à la maison, c'est un Jean-Pierre tout de même en meilleure forme que je retrouve. Il a recouvré des forces, c'est évident et, s'il n'y avait cette douleur persistante, il envisagerait la rentrée avec un enthousiasme encore plus grand.

Car nous sommes à la mi-août et, oui, comme il l'a toujours fait à cette période de l'année, Jean-Pierre pense à la rentrée !

Il y pense et il s'y prépare, passant des coups de fil, rédigeant des mails, prenant des rendez-vous…

Mais septembre arrive avec sa mauvaise nouvelle.

Les examens postopératoires montrent que l'autre poumon, sur lequel on avait déjà repéré une petite tache, est cette fois touché, et par une tumeur beaucoup plus grosse que la précédente.

Mais l'opération, cette fois, est inenvisageable.

Seule action possible pour tenter de la stopper, et de la tuer : la radiothérapie.

Jean-Pierre entame une série de séances ultra-sophistiquées, à rayonnement massif, ce qui se fait de mieux dans le domaine. Celles-ci se déroulent dans une pièce digne de *2001, l'Odyssée de l'espace*. Le patient peut écouter la musique qu'il souhaite, qui l'aidera à se détendre, à penser à autre chose. Le choix de Jean-Pierre, on s'en serait douté, se porte sur Johnny…

Des séances qui, si on peut espérer qu'elles seront efficaces, sont éprouvantes.

Malgré cela, Jean-Pierre s'accroche, ne pensant qu'à une chose, avec toute l'obstination, la détermination dont il est capable : respecter son agenda professionnel. Le magazine *Au cœur des régions*, la « JPP TV », son rendez-vous hebdomadaire sur LCI :

il tiendra ses engagements, en même temps qu'il se battra contre cette tumeur énorme qui est venue lui ronger le poumon.

Avec « Jean-Pierre Pernaut et vous – Votre argent », sur LCI, il retrouve les téléspectateurs, apparaissant à l'écran comme le journaliste qu'il a toujours été, sympathique, enthousiaste, passionné par les sujets qui composent son émission (et n'hésitant pas à glisser, ici ou là, son point de vue personnel), impeccable chef d'orchestre d'une équipe parfaitement complice.

Ce travail à la télévision et le contact avec les téléspectateurs que l'émission en direct lui permet de maintenir, mais aussi le magazine papier, dont le lancement (tirage de 200 000 exemplaires) est une réussite, et la « JPP TV » qui s'installe avec succès sur Internet, toutes ces activités constituent d'évidence pour Jean-Pierre le meilleur des traitements.

Grâce à ses médecins, grâce à son entourage, mais, surtout, grâce à sa volonté, à cette énergie qu'il a su recouvrer, en un temps record, pour reprendre ses activités *comme si de rien n'était*, nul doute qu'il finira par l'emporter, qu'il va guérir de son cancer.

Rien ne pourrait nous rendre plus heureux.

On veut y croire.
Avec lui, on veut y croire.
Sans penser à plus loin, on y croit.

Novembre arrive, avec une contrainte qui finit par s'imposer à nous : depuis quelques semaines, des rumeurs sur l'état de santé de Jean-Pierre courent dans les médias, aussi folles qu'insistantes, à ce point qu'il ne nous est plus possible de rester silencieux. Nous devons réagir.

Jean-Pierre enregistre une vidéo, de manière très simple, directe (dans son bureau, avec son smartphone) et, le 22 novembre 2021, la poste sur les réseaux sociaux...

« Bonsoir, juste un petit message pour tous ceux qui m'ont envoyé des messages d'encouragement cet après-midi. Eh oui, il y a eu une fuite annonçant dans les médias que je souffrais d'un cancer du poumon. C'est vrai. J'ai appris cette maladie au mois de mai dernier. J'ai subi une première opération début juillet. J'ai un traitement qui continue depuis quelques semaines. J'attendais un petit peu pour en parler. Si j'en parle, d'abord, c'est qu'il ne faut pas avoir peur du cancer. J'en ai déjà eu un, de la prostate, vous le savez. J'en ai parlé pour améliorer la prévention. Même chose pour le poumon, j'ai cru que ça ne pouvait arriver qu'aux autres. Pendant des années et des années, on m'a dit d'arrêter de fumer. Je n'y ai pas cru, eh bien, j'aurais dû arrêter. Voilà, je vous tiendrai au courant. Tout va bien pour l'instant. On surveille. Tout est sous contrôle. Salut et merci à vous. »

À nouveau, la sincérité de Jean-Pierre touche nombre de Français, et cela d'autant que, deux semaines après cette annonce, il se rend sur le plateau de Cyril Hanouna pour expliquer les choses plus précisément, et avec une décontraction qui bluffe l'animateur, ses chroniqueurs et le public réuni autour d'eux.

— Il faut six semaines, le temps que ça grille, voilà, c'est comme un barbecue, dit-il, tranquillement, à propos de la radiothérapie qu'il est en train de suivre, profitant de ce passage devant plus d'un million de téléspectateurs pour une nouvelle fois rappeler que le cancer touche tout le monde, qu'il est stupide de croire, comme il l'a fait, qu'il va vous épargner, que, face à cette menace, il faut miser sur la prévention et aller consulter les médecins dès l'apparition de signes anormaux, ou simplement pour des examens de contrôle réguliers, que, lorsque le cancer est là, il ne faut pas voir en lui un ennemi contre lequel le combat est perdu d'avance, car, avec les progrès réalisés en médecine, et si on le veut, si on s'engage pleinement dans la lutte, ce n'est certainement pas le cas : les chances de guérir d'un cancer sont aujourd'hui bien plus élevées qu'elles ne l'ont jamais été…

Quelques jours après ce plaidoyer extrêmement fort, et émouvant, les téléspectateurs retrouvent Jean-Pierre dans un tout autre rôle.

Un Jean-Pierre en smoking, au visage illuminé d'un grand sourire, qui officie devant un parterre de personnalités et le public du Zénith de Caen : le président du jury de l'élection de Miss France 2022.

Accueilli sur scène par Sylvie Tellier et Jean-Pierre Foucault, entourés par les candidates vêtues de longues robes lamées et ceintes de leurs écharpes, il reçoit un tonnerre d'applaudissements et ouvre la cérémonie avec ces mots :

— L'aventure entre moi et Miss France a commencé il y a vingt ans jour pour jour, le jour de l'élection de Sylvie Tellier…

Jean-Pierre Foucault le coupe alors, malicieusement :

— J'étais là d'ailleurs, et je vous ai vu à côté d'une jeune femme…

Amusé, et avec un brin de fierté, Jean-Pierre lui répond :

— Ce jour-là, il y a eu un coup de foudre…

Et puis, fixant la caméra et lui envoyant un baiser, il dit, la voix chargée d'émotion :

— Nathalie, je t'aime et je t'embrasse.

Vingt ans jour pour jour. Vingt ans qu'a commencé notre amour, mon amour.

Comme j'aurais voulu, à ce moment-là, partager ta joie, croire qu'il rime avec toujours.

IL VA ME QUITTER…

Terminer l'année, et commencer la suivante, au soleil, au bord de la mer, sur une plage de sable blanc, à l'ombre des cocotiers, entourés de celles et ceux qu'on aime : Jean-Pierre n'a pas imaginé une seule seconde rompre, cette année, avec cette belle habitude que nous avons prise : pas question de faire plaisir au cancer en nous privant d'un tel bonheur.

Comme chaque fin décembre, nous nous envolons donc pour une destination de rêve. Cette fois, les Maldives.

Le Covid sévissant toujours, il a fallu avant cela passer par l'injection d'une troisième dose de vaccin.

Après un vol d'une dizaine d'heures, que Jean-Pierre supporte plutôt bien, nous voilà les pieds dans l'eau, avec autour de nous les enfants, notre bande d'amis.

Un séjour de repos et de bonheurs simples commence : baignade, farniente, activités sportives, jeux, repas aux saveurs exotiques…

Jean-Pierre n'en profite hélas pas beaucoup. Il est extrêmement fatigué et la douleur sur le côté est devenue plus intense.

Les jours passent, dans ce bonheur de vacances qui ne peut pas en être un.

Arrive cette partie de tarot.

Depuis des années, l'un de nos jeux préférés. L'occasion à la fois de franches rigolades et de véritables compétitions, chacun des participants ayant un niveau plutôt bon et aimant gagner.

Nous sommes en pleine partie lorsque Jean-Pierre, tout à coup, nous demande :

— Je peux poser une question ?

— Ben oui...

— C'est à propos de l'Excuse. On peut la poser quand ? En fin de jeu seulement, ou n'importe quand ?

Tout le monde se regarde, chacun se demandant s'il a bien entendu. Jean-Pierre joue au tarot depuis des années, il en connaît parfaitement les règles. Pourquoi nous pose-t-il cette question ? Pour plaisanter ?

Non, il n'en a pas l'air, Jean-Pierre ne plaisante pas... Alors, quoi ?

Une gêne s'installe, qu'un joueur s'empresse de dissiper en lançant une plaisanterie sur le soleil qui tape peut-être peu trop fort...

Tout le monde éclate de rire, et chacun, au fond de soi, est triste. Jean-Pierre, l'ami, le père, le mari, Jean-Pierre ne va pas bien : sentiment que la soirée du réveillon va hélas venir renforcer…

Maux de tête, vertiges, nausées, vision troublée : malgré tout, Jean-Pierre tient à être avec nous.

Nous nous efforçons de manifester la joie que nous avons de nous trouver tous réunis, une nouvelle fois, et dans un cadre aussi idyllique, pour aller ensemble d'une année à l'autre.

Mais le cœur n'y est pas et, lorsque, vers 22 h 30, Jean-Pierre, à bout de force, nous prie de bien vouloir l'excuser, il ne peut pas tenir jusqu'à minuit, il doit aller se coucher ; lorsqu'il nous demande de ne surtout pas nous inquiéter pour lui, il a juste besoin de repos, nous avons de la peine.

Jean-Pierre, avant de se retirer, nous prie de continuer de nous amuser, nous demande (nous ordonne presque) de fêter comme il se doit, comme nous l'avons toujours fait, l'arrivée de la nouvelle année.

Il embrasse de loin tout le monde, je pars avec lui, je ne peux imaginer le laisser seul. Tous nous regardent nous éloigner avec une peine immense, les yeux remplis de larmes.

Le retour à Paris, Jean-Pierre le passe à dormir.

Une fois à la maison, il se repose, convaincu que c'est d'avoir enchaîné une radiothérapie très lourde et un voyage assez long qui l'a mis H.S., ajoutant à tout cela le changement de climat, la chaleur des Maldives…

Le 3 janvier, il va faire le PET-scan qui était programmé, examen dont le résultat est doublement positif.

La radiothérapie semble avoir bien fonctionné : plus aucune trace de cancer.

La cause de sa douleur sur le côté est enfin identifiée : une côte cassée durant l'opération, fracture qui, jusqu'ici, était restée indétectable.

Nous sommes fous de joie, et Jean-Pierre se repose, se donnant une semaine pour être totalement retapé et reprendre ses activités, désolé de ne pouvoir assurer la présentation, dans trois jours, de son émission sur LCI, pensant aux téléspectateurs que son absence va décevoir ou inquiéter…

En ce début d'année 2022, notre fille Lou a un grand projet qu'elle souhaite à tout prix réaliser : avoir son appart à Paris pour se rapprocher de son école d'architecture d'intérieur.

Une démarche bien compréhensible – cette année est celle de ses vingt ans –, à laquelle nous ne nous sommes pas opposés.

Jean-Pierre se charge de remplir pour elle un dossier de location en ligne.

Assise à côté de lui devant l'ordinateur, je remarque alors que Jean-Pierre a des difficultés à utiliser le clavier. Il est hésitant, ses doigts ne trouvent pas bien les touches. Et puis, à mon grand désarroi (Jean-Pierre est à cheval sur l'orthographe), il fait des fautes, inverse les mots...

Une anomalie que je vois comme un symptôme.

Dès cet instant, mon sujet d'inquiétude concernant la santé de Jean-Pierre n'est plus le cancer : l'intuition que j'ai toujours eue, d'un problème cardiaque qui pourrait lui être fatal, refait surface.

Je réussis à le convaincre de passer des examens.

Nous partons à l'hôpital : Jean-Pierre passe une IRM.

Le verdict hélas ne me surprend pas : Jean-Pierre, dans les jours précédents, a fait deux mini-AVC.

Décision est alors prise de le faire suivre par le service de neurologie de l'hôpital Sainte-Anne, hautement réputé dans l'étude et le traitement des pathologies vasculaires cérébrales.

Jean-Pierre y restera une semaine.

Dans les heures, les jours qui suivent, je vois bien que Jean-Pierre attend quelque chose de moi.

Il voudrait que je sois la Nathalie qui, lorsqu'on lui a annoncé qu'il avait un cancer, de la prostate, puis du poumon, lui a dit, les yeux dans les yeux, en lui prenant les mains, les serrant très fort :

— On va se battre ! On va se battre ensemble, Jean-Pierre, et on va gagner !

Il voudrait entendre sortir de ma bouche ces mots de combattante convaincue de sa victoire.

Hélas, cette fois, je suis muette.

Aucun mot ne me vient pour lui dire ce qu'il voudrait entendre, qui lui permettrait de faire face à ce nouveau problème de santé avec la force qu'il a eue contre le cancer.

Je reste muette, car je ne peux pas mentir. Cela m'est impossible, pour ainsi dire physiquement impossible.

Mentir à Jean-Pierre serait trahir notre amour : je ne peux pas faire ça. Tout simplement, je ne le peux pas.

Je reste donc silencieuse.

À défaut de la parole, et du soutien qu'elle lui apporterait, je n'ai plus à donner à Jean-Pierre que mon amour, mon amour inconditionnel, absolu.

Dans trois mois, il aura soixante-douze ans.

Avant cet anniversaire, je le sens au plus profond de moi, il va me quitter.

À cause d'un problème cardiaque ou cérébral, son corps va me quitter.

Pas lui.

Notre amour commencera alors une autre vie.

Dans l'éternité.

« NATHALIE VA AVOIR BESOIN DE TOI »

Et voilà, il ne manquait plus que ça, que j'attrape le Covid !

Je dois m'isoler afin de protéger mon entourage, Jean-Pierre en priorité.

Mais il y a plus gênant : si quelque chose devait arriver, si Jean-Pierre devait aller à l'hôpital, je ne pourrais l'accompagner.

Fatalement, c'est ce qui se produit.

Jean-Pierre se sent très mal, peut-être a-t-il subi un nouvel AVC, des examens s'imposent, de toute urgence.

Heureusement, Muriel est là.

Jean-Pierre ne veut pas qu'on la dérange « pour ça ». Mais, additionnée à la mienne, la force de conviction de notre amie l'emporte.

Les voilà partis.

Durant le trajet de la maison à l'hôpital Sainte-Anne, Muriel me le racontera au retour, Jean-Pierre tient des propos incohérents : demandant ce qu'il fait dans cette Smart (la voiture de Muriel), où l'on va, ne reconnaissant pas les endroits par lesquels ils passent, demandant encore pourquoi il n'est pas avec moi, étant étonné d'apprendre que j'ai attrapé le Covid.

À leur arrivée à l'hôpital, Muriel n'a pas eu d'autre choix que de se garer assez loin du bâtiment, Jean-Pierre a beaucoup de mal à marcher, et il semble complètement désorienté : Muriel doit l'aider.

Lorsqu'ils sont enfin parvenus devant l'entrée, Jean-Pierre s'arrête, lève la tête et regarde le bâtiment. Muriel l'entend murmurer :

— Je pense que c'est là que je vais mourir.

Muriel fait appel à son puissant sens de l'humour pour dédramatiser…

Jean-Pierre passe les examens appropriés.

Durant l'attente de leurs résultats, Muriel reste sur le mode décontracté : elle fait une petite vidéo qu'elle m'envoie, Jean-Pierre et notre amie y plaisantent sur la chambre tristounette dans laquelle ils se trouvent, la vue absolument horrible qu'elle leur offre, et dehors le ciel gris, la pluie qui tombe…

Les examens, on s'en serait douté, ne sont pas bons.

Jean-Pierre a fait plusieurs AVC, et les médecins s'interrogent sur ce qui pourrait en être la cause, ils ne sont pas parvenus à l'identifier.

En conséquence, d'autres examens sont prescrits, qui doivent se faire, cette fois, au service de cardiologie de l'hôpital Georges-Pompidou.

À son retour à la maison, nous passons des jours qui m'apparaissent aujourd'hui comme plongés dans une sorte de brouillard.

Jean-Pierre suit scrupuleusement son nouveau traitement, en relation avec ses AVC, mais je le vois plus inquiet que d'habitude.

D'évidence, il n'y a pas que sa santé qui le préoccupe : Jean-Pierre se soucie aussi de faire en sorte que tout soit en ordre dans les affaires familiales, à commencer par ce qui concerne le projet dans lequel nous sommes engagés depuis maintenant plusieurs mois, celui de changer de maison.

Louveciennes, c'est notre maison de toujours (vingt ans que l'on y vit), les enfants y ont grandi, elle abrite tant de nos plus beaux souvenirs, les grands et les petits moments, si précieux, d'une vie familiale : nous y sommes forcément attachés.

Si malgré cela nous avons décidé de la quitter, c'est parce que son environnement va changer.

C'est aussi parce que les enfants arrivent à l'âge où ils vont prendre leur indépendance : il nous faut une maison qui corresponde mieux à notre vie future.

Notre vie future...

À nouveau, je me trouve prise dans ce paradoxe de me projeter avec Jean-Pierre dans l'avenir, avenir que je vais devoir vivre sans lui, je le sais.

Paradoxe que je dois assumer, dont je dois supporter la cruauté, je n'ai pas le choix.

Notre nouvelle maison, nous l'avons trouvée. Elle se situe dans le sud de Paris.

Le 4 février, dans l'après-midi, nous avons rendez-vous chez le notaire pour en signer le compromis d'achat.

Ce rendez-vous et celui, le matin, chez *Karoll*, son salon de coiffure préféré (rendez-vous auquel Jean-Pierre tient pour ainsi dire tout autant), sont pour lui, extrêmement affaibli, un véritable calvaire.

Je le vois à ce point fatigué que je refuse qu'il prenne le volant. Chez le coiffeur, dans le miroir, ses traits émaciés et la blancheur cadavérique de son visage m'effraient.

Lorsque nous repartons, Jean-Pierre est pris de vives douleurs : je dois l'aider à marcher et à entrer dans la voiture.

Durant le retour, il est pris de vomissements.

Heureusement, ayant anticipé la situation, j'ai des sacs-poubelle dans la voiture.

Jean-Pierre s'excuse de ce qui lui arrive, maudit cette gastro qui lui tombe dessus à un tel moment – c'est ce que nous croyons, ou faisons mine de croire...

À la maison, n'ayant pas la force de monter dans notre chambre, il se couche aussitôt sur le canapé du salon.

Après quatre heures de repos, il se relève péniblement, lançant, d'un ton décidé, mais d'une voix si faible :

— Allez, on y va.

— Où ?

— Chez le notaire !

— Hors de question, ça peut attendre, tu dois te reposer !

Jean-Pierre, l'obstiné, l'entêté, a tout de même honoré son rendez-vous, traité avec le notaire les affaires qu'il voulait traiter : avec quelles forces ? Je ne sais pas.

De retour à la maison, son épuisement est total et je suis au comble de l'inquiétude, à tel point que, je ne vois pas ce que je pourrais faire d'autre, je veux appeler le Samu.

— Le Samu pour une gastro, tu n'y penses pas ! murmure Jean-Pierre.

Moi aussi, je suis entêtée : quelques minutes après, le Samu est là.

Voyant notre Muriel à côté de moi lorsque les ambulanciers l'emmènent, Jean-Pierre la taquine :

— Qu'est-ce que tu fais là, toi ?

Et ajoute :

— Nathalie va avoir besoin de toi, tu sais... Je compte sur toi...

Jean-Pierre est conduit à l'hôpital Georges-Pompidou.

L'OPÉRATION DE LA DERNIÈRE CHANCE ?

— Une nouvelle fois, tu m'as sauvé la vie.

La première chose que Jean-Pierre me dit lorsque je le retrouve à l'hôpital Georges-Pompidou, dans le service de cardiologie. Puis, en me prenant la main, d'une voix affaiblie, mais blagueur, il ajoute :

— J'aurais fait un très mauvais médecin… Une gastro, tu parles… C'est autre chose…

Autre chose, oui, c'est certain.

Mais quoi ?

Les médecins, les vrais, sont embarrassés.

Les premiers examens auxquels Jean-Pierre a été soumis ont permis de détecter qu'il a fait une hémorragie, ce qui explique sa faiblesse, mais cette hémorragie est très petite : on ne parvient pas à la localiser.

Une batterie d'examens supplémentaires est programmée : endoscopies, scintigraphie, et IRM notamment.

IRM qui nous apporte finalement un début d'explication.

Une embolie pulmonaire est diagnostiquée, et la valve aortique est extrêmement abîmée.

Cependant, les médecins ne comprennent toujours pas l'origine du problème de coagulation.

Jean-Pierre est très affaibli. Il est essoufflé, a du mal à se mouvoir, et sa mémoire est souvent défaillante. Cet état général fortement dégradé lui fait prendre conscience qu'il doit rester hospitalisé, rester sous surveillance et continuer à passer de nouveaux examens, dont des IRM cérébrales quasi quotidiennes, examens qu'il a toujours détestés, qui le paniquent au plus haut point.

Ce nouveau diagnostic, on a du mal à le comprendre, et cela d'autant plus que le traitement nous est présenté comme non définitif. Ainsi, une opération de la valve est envisagée, mais le chirurgien ne peut affirmer que cela résoudra totalement le problème de coagulation.

Alors, je m'interroge.

Il y a quelques mois, avant son opération du cancer du poumon, Jean-Pierre a subi des examens cardiaques, examens qui n'ont rien montré d'anormal, si bien que le feu vert pour l'opération a pu être donné.

Comment se fait-il que son état cardiaque se soit à ce point détérioré depuis lors, en si peu de temps ?

Cette interrogation, je me permets d'en faire part aux médecins, leur soumettant une piste de réflexion.

N'y aurait-il pas là un lien avec la radiothérapie, très puissante, que Jean-Pierre a suivie après son opération ?

La réponse est négative.

Et puis n'y aurait-il pas un lien avec la troisième dose de vaccin anti-Covid que Jean-Pierre a dû se faire injecter pour pouvoir partir en vacances, naturellement sans contre-indication de ses médecins, au moment où il faisait cette radiothérapie ?

Je pose la question.

Les médecins m'écoutent poliment, et s'empressent de me répondre que non, il n'y a aucun lien.

Je garde mes doutes pour moi.

Les médecins reviennent alors sur ce problème de valve aortique bouchée, et décident d'opérer.

Une date nous est proposée, celle du 22 février.

Le 22 février : certainement pas ce jour-là, qui est celui de notre anniversaire de fiançailles !

Cette date a toujours été importante pour nous, je tiens à la fêter comme elle le mérite, c'est-à-dire en étant avec Jean-Pierre, simplement lui et moi, à nous dire notre amour, comme au premier jour. Vivre une nouvelle fois, tous les deux, mains dans les mains, yeux dans les yeux, ce moment merveilleux, jusqu'à oublier, peut-être, que cet anniversaire sera le dernier…

Les médecins se montrent compréhensifs : l'opération est reportée au 23 février.

J'annule les dates à venir de la tournée *Les Tontons farceurs*, la pièce ultradrôle que je joue à travers la France devant un public toujours nombreux et extrêmement chaleureux.

Ce qui, bien sûr, déplaît fortement à Jean-Pierre. À nouveau, il est dans l'état d'esprit de celui qui ne veut absolument pas que son état de santé empêche les autres de vivre. Il m'engueule presque.

Je lui réponds que, dans la situation actuelle, ce qui compte le plus pour moi, c'est d'être auprès de lui, plus que jamais.

Consulté sur les risques d'AVC que l'intervention pourrait lui faire courir, le service neurologique de l'hôpital Sainte-Anne répond qu'un risque existe, mais que, compte tenu de l'enjeu, celui-ci doit être pris : le 23 février, donc, Jean-Pierre sera opéré.

L'opération de la dernière chance, comme on dit.

Tout le monde est dans cet état d'esprit.

À commencer par Jean-Pierre.

Les examens à répétition qu'il vient de passer, l'incapacité des médecins à trouver rapidement la cause centrale de la dégradation générale de son état de santé, leurs hésitations l'ont énormément stressé.

S'il fait tout ce qu'il peut pour masquer son inquiétude, à certains moments il est abattu par la poisse (c'est son mot) qui, depuis des mois, ne le lâche plus.

À d'autres, comme quelqu'un qui se révolte contre le destin, il est en colère.

Une fois, il se laisse aller :

— Je suis mal barré. Cette fois, je ne sais pas si je vais m'en sortir, me murmure-t-il.

— Moi, je sais, et je n'ai pas le moindre doute, cette opération va très bien se passer, Jean-Pierre... N'oublie pas que je suis ta fée...

— C'est vrai.

Ce que je viens de dire à Jean-Pierre, assise près de lui, lui tenant la main, n'est pas une parole de circonstance.

Au fond de moi, oui, très sincèrement, j'ai la certitude que cette opération va se dérouler au mieux. Jean-Pierre ne va pas en mourir, il va en sortir avec son problème de valve aortique résolu. Tout le monde va être soulagé, satisfait, confiant pour la suite, son rétablissement.

Moi, je ne le serai pas.

Jean-Pierre n'aura alors plus que quelques jours à vivre. L'opération a lieu le 23 février, Jean-Pierre aura soixante-douze ans le 8 avril : oui, seulement quelques jours à vivre.

Avant l'opération, les médecins lui expliquent comment cela va se passer, et l'informent des éventuels risques et complications, des séquelles possibles. Et ils lui posent cette question :

— Monsieur Pernaut, si durant l'intervention vous faites un AVC, que souhaitez-vous que nous fassions ?

Je suis la première à répondre.

Je sais que Jean-Pierre a toujours été effrayé à l'idée de se retrouver un jour physiquement handicapé, intellectuellement diminué. Qu'il puisse être privé de son indépendance, de son autonomie lui est intolérable.

Face à cette angoisse, j'ai toujours réagi avec humour, me présentant comme l'infirmière, l'assistante dévouée qui sera toujours là pour l'accompagner, l'aider, pousser son fauteuil roulant, lui rendre à chaque instant la vie la plus facile, la plus douce possible…

À présent que l'heure n'est plus à la plaisanterie, mon point de vue n'a pas changé : si Jean-Pierre fait, durant cette opération, un AVC grave, je souhaite que les médecins fassent tout ce qui est en leur pouvoir pour le sauver.

Le Jean-Pierre qui survivra à cet accident, quel que soit l'état physique, intellectuel, dans lequel il l'aura laissé, sera mon Jean-Pierre, l'homme que j'aime, auquel je me suis unie pour la vie.

Cela, je le dis aux médecins, je le dis à Jean-Pierre.

Jean-Pierre alors me prend la main, se tourne vers les médecins et leur dit :

— Docteurs, si durant l'opération il y a un problème, faites ce que vous avez à faire.

Une parole qui ne demande aucune réponse, ni de la part des médecins ni de la mienne. Seulement le respect.

Arrive cette journée que nous avons décidé de « voler », notre hold-up.

Le 22 février.

Cette date, Jean-Pierre et moi la volons, oui, à la triste réalité.

Nous nous l'approprions. Pour la savourer.

Accompagnée de Lou (Tom, malade, est très triste de ne pouvoir se joindre à nous), j'arrive à l'hôpital avec des bougies, des gâteaux et puis, tenant absolument à marquer le coup, j'apporte à Jean-Pierre, en cadeau, une petite boîte de caviar... Jean-Pierre, lui aussi, malgré son état, a marqué le coup... Avec la complicité des enfants, il m'a offert un superbe bouquet de roses rouges : de retour à la maison, je le trouverai déposé sur notre lit...

Nous avons donc tout ce qu'il faut pour passer ensemble un vrai moment de plaisir, rien qu'à nous, recroquevillés dans notre bulle de tendresse.

Je dispose les bougies dans la chambre d'hôpital, leurs flammes la réchauffent, y installent une atmosphère toute de douceur et de sérénité.

Jean-Pierre savoure les gâteaux en écoutant les blagues de Lou qui met toute son énergie à lui changer les idées et faire que cet instant reste inoubliable.

Notre Princesse ignore alors que ce sera le dernier.

Jean-Pierre savoure les gâteaux, mais la petite boîte de caviar, il ne souhaite pas l'ouvrir.

Il me demande de la rapporter à la maison et de la conserver : nous la dégusterons ensemble à son retour.

Je ferai selon son souhait, même si, au fond de moi, je pressens que, cette petite boîte de caviar, nous ne la partagerons jamais ensemble de son vivant.

Deux semaines plus tard, malheureusement, je la déposerai dans le cercueil de Jean-Pierre, lui disant :

— Tiens, Jean-Pierre, emporte cette petite boîte de caviar avec toi et garde-la, s'il te plaît, jusqu'à ce que j'arrive, jusqu'à ce que je t'aie rejoint dans ton coin de paradis. Nous le dégusterons pour fêter nos retrouvailles.

Nous avons ainsi fêté notre anniversaire de fiançailles, et l'heure est arrivée d'éteindre les bougies... Ce qui provoque pas mal de fumée, à ce point qu'on se dit que l'alarme va se déclencher et alerter tout l'hôpital : nous sommes une bande de garnements qui ont fait une bêtise, qui prennent peur, un instant, et puis que cela fait bien rire.

16 H 28… ENTOURÉ DES SIENS

Six heures du matin. L'hôpital est désert. Mon parcours habituel menant au service de cardiologie est fermé. Je me perds dans un labyrinthe de couloirs et l'angoisse d'arriver trop tard s'empare de moi.

Trop tard pour voir Jean-Pierre avant qu'on ne l'emmène au bloc opératoire, pour lui prendre la main, l'embrasser.

Je marche vite et je supplie mes anges gardiens : faites, je vous en prie, que je puisse le voir !

Mes anges gardiens, une nouvelle fois, ont entendu mon appel : Jean-Pierre est encore dans sa chambre. Tout essoufflée, j'arrive à son chevet.

La nuit n'a pas été bonne. Il a très peu dormi.

Moi aussi, mais je suis là pour positiver : je lui dis le contraire.

— Je n'ai pas fermé l'œil de la nuit... Impossible, avec tout ce que j'avais dans la tête... J'ai pensé à un tas de choses... Je les ai retournées dans tous les sens... Ce n'était peut-être pas bien utile, mais je n'ai pas pu faire autrement...

Toutes ces pensées qui ont empêché Jean-Pierre de se reposer, je n'ai qu'un souhait : les faire disparaître.

Pour cela, rien de tel que de changer radicalement de sujet.

— Devine le cadeau que je vais te faire.

— Le cadeau ?

— Oui, pour ton anniversaire, devine le cadeau que je vais te faire.

Le visage de Jean-Pierre se détend, sur son visage fatigué, un sourire se dessine...

— Petit indice : c'est dans la nouvelle maison...

Depuis le début de l'année, lorsque je ne suis pas à l'hôpital, auprès de Jean-Pierre, je suis à la maison à préparer notre déménagement programmé initialement pour le mois d'avril : à faire des cartons.

À l'aide de mon téléphone portable, je prends des photos et des vidéos de certains objets. Je les envoie à Jean-Pierre afin qu'il me donne son avis dans le choix que nous avons à faire : faut-il les garder ou non ?

Un choix toujours difficile. Chaque objet nous remémore un moment de notre vie, moment qui n'a pas forcément la même valeur pour l'un et pour l'autre.

Cette nouvelle maison, Jean-Pierre ne l'habitera jamais physiquement, je le sais, mais il y vivra, ça aussi, je le sais : son âme vivra auprès de moi.

Rien de plus naturel, par conséquent, à ce que je fasse en sorte qu'il s'y trouve bien...

— Une cave à vin.

Une vraie et belle cave à vin, ce dont il avait envie depuis longtemps (mais qu'il n'était pas possible de réaliser dans la maison de Louveciennes) : voilà le cadeau que j'ai décidé de faire à Jean-Pierre pour ses soixante-douze ans qui approchent.

Jean-Pierre m'offre son regard le plus tendre, ses deux grandes mains enveloppent les miennes.

Jean-Pierre que j'embrasse.

Et que les infirmiers, déjà, viennent chercher...

Cela va très vite.

Le brancard file au long du couloir. Je dois marcher à grandes enjambées pour le suivre. Arrive la porte de l'autre côté de laquelle je ne peux aller :

— À très vite, mon amour. Je t'aime.

— Je t'aime.

Jusqu'au moment où il est prévu que je puisse revoir Jean-Pierre, le surlendemain seulement, le temps va être immensément long.

Je le passe à continuer de faire des cartons, me consacrant entièrement à cette activité très physique, laissant en attente les objets dont le sort (à jeter ou à emporter) doit être discuté avec Jean-Pierre, organisant le futur déménagement.

L'esprit ainsi occupé, il n'y a en moi aucun doute sur l'issue positive de l'opération.

Ma petite voix intérieure me le dit : elle va bien se passer. C'est pour la suite que je m'inquiète : la période postopératoire, je le sais, est celle où les choses vont empirer.

Si, pour l'heure donc, je suis tranquille, il n'en va pas de même pour mon entourage.

Je sens bien l'inquiétude de Muriel, qui ne me laisse pas seule et qui m'aide à faire les cartons.

Même chose du côté de mes enfants et de mes parents, et du côté de Dominique, l'ex-épouse de Jean-Pierre, et d'Olivier et Julia, leurs enfants, qui viennent aux nouvelles à plusieurs reprises.

Enfin, le coup de fil de l'hôpital.

L'opération s'est bien passée, ce que je savais déjà.

Jean-Pierre est en salle de réveil, je ne pourrai venir le voir que le lendemain, lorsqu'il aura été extubé.

Le jour suivant, je n'ai pas à attendre très longtemps : les médecins me disent que, des patients opérés comme lui, il a été le premier à avoir pu être extubé, ce qui est franchement remarquable pour un patient de son âge, qui plus est ayant subi l'ablation d'un demi-poumon.

Je file à l'hôpital.

— Bravo, mon chéri, je suis fière de toi !

À ces paroles enthousiastes, Jean-Pierre, qui, naturellement, est encore très faible, me répond par un petit geste de la main, un signe qui me dit que cela va moyennement, et il se rendort.

Alors, je redescends sur terre.

J'entends le bruit terrifiant du compte à rebours qui s'est déclenché, a commencé à égrener les heures qui désormais conduisent Jean-Pierre vers la mort.

Durant les deux jours qui suivent, son état se dégrade fortement : Jean-Pierre entre dans une autre dimension, commence à délirer, à nous quitter, à prendre son envol…

J'apprends par les infirmières que, lorsque son esprit divague, il arrive à Jean-Pierre de dire que nous sommes morts, les enfants et moi. Sans doute est-ce sa propre mort, alors, qu'il entrevoit.

— Tu vois le monsieur, là ? Olivier et Tom vont l'adorer.

À un moment, me trouvant près de lui, j'entends Jean-Pierre murmurer cette étrange parole.

Je me demande qui est ce *monsieur* qui est là, quelque part près de lui, et que ses deux garçons, Olivier et Tom, un jour futur, vont adorer.

Bien sûr, je ne parviens pas à trouver de qui il s'agit.

Alors, je garde mon interrogation au fond de moi : un jour, je le sais, j'aurai la réponse.

Et tout se précipite.

Confrontés à la dégradation générale de l'état de leur patient, avec des phases de délire de plus en plus nombreuses et de plus en plus longues, les médecins, soupçonnant de nouveaux AVC, en viennent à décider de réaliser une nouvelle IRM.

Sachant à quel point Jean-Pierre craint cet examen et certaine que ma présence pourra l'apaiser, je veux rester auprès de lui le plus longtemps possible.

Mais les choses, hélas, vont très vite.

Les infirmières et les médecins sont entrés en action et, compte tenu du nombre d'IRM qu'ils ont à réaliser en plus de celle de Jean-Pierre, du délai relativement long qu'il y aura jusqu'aux résultats, m'invitent à rentrer chez moi.

Déjà l'équipe médicale s'affaire autour de Jean-Pierre : je ne peux plus l'approcher et je dois m'en aller, si triste de n'avoir pu l'embrasser, caresser son visage, ses mains, lui dire encore, à l'oreille, l'amour des siens, mon amour infini.

Vers 23 heures, le téléphone sonne. L'hôpital. La nouvelle que j'attendais. Durant l'IRM, Jean-Pierre a été pris de panique, une crise extrêmement violente qui a nécessité, pour soulager son cœur, pour le maintenir en vie, de le plonger dans un coma artificiel.

Pour moi, cela signifie que, cette fois, ça y est, Jean-Pierre est parti.

Durant les quatre jours qui suivent, je l'accompagne dans son voyage.

Assise près de lui, ma main sur sa main, je lui parle, lui fais écouter ses musiques préférées, des chansons d'Édith Piaf, de Johnny... *L'Hymne à l'amour*, chanté par Johnny...

Si un jour la vie t'arrache à moi
Si tu meurs, que tu sois loin de moi

Peu m'importe si tu m'aimes
Car moi je mourrai aussi.
Nous aurons pour nous l'éternité
Dans le bleu de toute l'immensité
Dans le ciel, plus de problèmes
Mon amour, crois-tu qu'on s'aime ?

Le mardi 1er mars, à mon arrivée, les infirmières étant en train de prodiguer des soins à Jean-Pierre, on me fait patienter dans une petite salle réservée à l'accueil des familles.

En découvrant ce nouveau lieu, je suis soudain prise de frissons. J'ai froid, je suis glacée, mon corps se fige, et mes yeux se remplissent de larmes.

Une horrible sensation s'est emparée de moi : j'ai la vision que, dans peu de temps, je serai avec toute la famille dans cette même pièce, entourée des médecins qui vont nous annoncer que Jean-Pierre est entré dans le processus irréversible de la fin de la vie.

Je suis à ce point accablée que, pour surmonter mon malaise, je décide de filmer cet endroit et d'envoyer la vidéo à Muriel en lui exprimant mon mal-être, ma peine : c'est l'âme de Jean-Pierre qui se prépare à prendre son envol que j'entrevois.

Le froid dans mon corps est celui de la mort.

Le soir même, on m'annonce par téléphone que Jean-Pierre a été victime d'un AVC massif. Du côté du cœur, le diagnostic est tout aussi sombre : de nouvelles thromboses ont été décelées.

Mercredi 2 mars 2022.

— Venez vite.

Les deux mots que toutes celles, tous ceux qui ont eu un être cher hospitalisé en phase terminale ont entendus, à la fois soulagés et accablés de chagrin.

À partir de ce moment-là, on agit avec une énergie étrange, comme par automatisme.

J'ai appelé les enfants (Tom se trouvant à Lille, pour ses études, et en pleine période d'examens, sa copine se propose d'aller le chercher), mes parents, la première famille de Jean-Pierre.

Je file à l'hôpital. Rencontre les médecins.

Le sortir du coma artificiel serait aussi inutile qu'inhumain.

Il n'y a plus rien à faire.

J'ai pris la main de Jean-Pierre pour ne plus la lâcher.

La mort peut bien faire ce qu'elle veut, nous nous tenons la main.

La famille se réunit autour de nous.

Arrivé de Lille, Tom me téléphone depuis le parking de l'hôpital.

— Maman, je peux monter voir papa, lui parler ?

— Je descends te rejoindre à l'accueil.

Le temps de remonter ensemble auprès de son papa, je dois trouver le courage d'annoncer à mon fils qu'il ne pourra pas lui parler. Plus jamais.

Une fois tous réunis, nous sommes invités à nous rendre dans cette fameuse salle des familles, et ma vision prémonitoire devient réalité.

Tom, Lou, Julia, Olivier, ses quatre enfants, Dominique son ex-épouse, Muriel et moi : Jean-Pierre meurt à 16 h 28, entouré des siens.

LES AMANTS DE LA TOUR EIFFEL

Un temps suspendu, un silence absolu.

En chacun, une sensation de vide.

Les médecins auront tout fait pour le sauver, je leur suis éternellement reconnaissante. Ils ont respecté à la lettre la volonté de mon mari. Toute l'équipe médicale, jour et nuit, a veillé sur lui et a tout fait pour soulager au maximum ses douleurs.

Merci.

J'ai vu des larmes dans les yeux de certains au moment de déclarer l'heure de la mort.

Néanmoins, une phrase me hante toujours : « Dites bien que votre époux est décédé des suites de son cancer des poumons. »

Pourquoi ?

Une infirmière, d'une voix douce, nous dit que nous pouvons rester auprès du défunt comme on le souhaite, et que, lorsque nous aurons quitté la chambre, la toilette mortuaire sera faite.

Nous nous retrouvons dehors, dans le froid, la grisaille. Ne sachant que faire, que dire. Sonnés.

Tom paraît incrédule.

Sa sœur l'entoure de ses bras avec sa légendaire force de caractère, mais l'armure est fissurée.

Leur papa, qui a vaincu deux cancers, qui a subi avec succès une opération du cœur, leur papa est mort.

J'entends Tom se révolter :

— Perdre son père à dix-huit ans, c'est trop tôt !

Nous nous réconfortons comme nous le pouvons, comme tentent de le faire les familles qui, chaque jour, se retrouvent devant cet hôpital, venant de perdre un papa, un mari, un ami.

Ce moment d'intimité, où nous partageons notre désarroi, ne doit cependant pas nous faire oublier que celui que nous pleurons, d'autres aussi vont le pleurer : le public, cette autre famille que Jean-Pierre s'est créée.

Oublier cela, ce serait laisser la voie libre à ces individus malfaisants que sont les paparazzis et la presse à scandale : Muriel se charge de faire ce qu'il faut pour que la mort de Jean-Pierre Pernaut soit annoncée de manière à nous éviter leurs agissements.

Avec l'attachée de presse de Jean-Pierre à TF1, dont il était très proche, elles sont convenues de ne communiquer la nouvelle à l'AFP que le lendemain, ce qui nous laissera quelques heures pour recouvrer nos esprits, nous préparer à vivre et à partager notre peine au-delà de notre cercle intime, familial.

Hélas, une heure seulement après le décès de Jean-Pierre, nous apprenons que ce que nous voulions éviter est arrivé : la nouvelle a fuité, ce qui nous oblige à réagir sans plus attendre.

Muriel se charge d'adresser à l'AFP, en mon nom et celui de la famille, ce communiqué :

> *« Le père de Tom, Lou, Olivier et Julia est décédé des suites de son cancer du poumon. »*

Un message extrêmement simple.

Quelques mots parfaitement pesés : l'annonce de la mort d'un père, plutôt que celle d'un journaliste star marié à une célébrité, afin d'inviter les médias à une certaine discrétion, de la décence, eu égard à l'épreuve traversée par ces enfants, cette famille.

Sans doute était-ce un peu naïf de notre part.

Dans les heures qui suivent la diffusion de la dépêche de l'AFP, Muriel doit faire face à un déluge de demandes d'interviews.

Et les paparazzis sont lâchés.

Autour de l'hôpital Georges-Pompidou.

À Louveciennes, autour de la maison.

Au funérarium, se faisant passer pour des employés d'une société de pompes funèbres, deux d'entre eux ont essayé de pénétrer dans la chambre mortuaire.

Avant que sa dépouille n'y soit amenée, j'ai pu passer un dernier moment avec Jean-Pierre.

Rien que tous les deux.

Sur le lit, le corps de Jean-Pierre, qui a été libéré de tout l'appareillage médical, est lavé, coiffé, habillé.

Je l'embrasse, le caresse.

Je dépose, sur ses mains, un chapelet. À côté, ce nounours que je lui avais offert pour une Saint-Valentin, un très doux, un très tendre souvenir…

Au-dessus du lit, je le sais, l'âme de Jean-Pierre commence à s'élever.

Je lui adresse des « je t'aime ».

Je sais que, bientôt, elle me dira, amusée :

— Et merde, tu avais encore raison ! Il y a bien une vie après la mort !

Ainsi commence ma vie avec l'âme de Jean-Pierre.

Elle est la continuation naturelle de mes vingt ans de vie commune avec lui.

Mais à présent nos rôles sont inversés.

Je protégeais Jean-Pierre (pour cela, il m'appelait sa fée) : désormais, c'est Jean-Pierre, l'âme de Jean-Pierre, qui me protégera.

Lorsque je quitte la chambre, je prends soin d'en laisser la porte ouverte, et d'entrouvrir cette autre porte, qui donne sur une terrasse : à l'âme de Jean-Pierre, j'indique ainsi le chemin de la sortie...

En bas, dans le hall, je retrouve Muriel, occupée à répondre à tous les messages qu'elle reçoit depuis que la nouvelle de la mort de Jean-Pierre Pernaut fait la une de tous les médias.

Les enfants rentrent à la maison de leur côté et, Muriel et moi, tâchant d'échapper aux paparazzis, nous nous dirigeons vers le parking où est garée ma voiture...

C'est alors que je vois quelque chose que je n'avais jamais vu, qui est pourtant, à cet endroit, parfaitement visible, de jour comme de nuit. Quelque chose que j'aurais dû voir, par conséquent, depuis un mois que je passe à cet endroit chaque jour. Quelque chose que j'aurais vu, évidemment, si, après ces visites à l'hôpital toujours si douloureuses, je n'avais pas eu l'esprit si peu disposé à regarder le paysage…

Ce que je vois finalement, c'est la tour Eiffel !

La tour Eiffel dans son bel éclairage orangé.

La tour Eiffel qui fut le lieu de notre premier rendez-vous, de notre premier dîner en amoureux : Jean-Pierre, dont l'âme est en train de prendre son envol, Jean-Pierre, mon amour, me rappelle ce souvenir merveilleux.

Il ne s'arrête pas là…

Nous descendons au parking, montons dans la voiture : lorsque je mets le contact, l'autoradio balance une chanson, avec un son sans aucun parasite, pratiquement parfait, alors que d'habitude, dans ce deuxième sous-sol, ça capte plutôt mal.

Et cette chanson n'est pas n'importe laquelle.

Une chanson de Johnny, son hymne à la vie : *Allumer le feu*.

Johnny étant son chanteur préféré, je ne peux m'empêcher de voir là un nouveau signe que Jean-Pierre me fait.

9 MARS, TON PUBLIC NE T'A PAS OUBLIÉ

Les jours qui suivent sont ceux de la préparation des obsèques.

Un temps, nous avons imaginé (conformément, je crois, à ce qu'aurait souhaité Jean-Pierre) qu'elles pourraient se dérouler dans un délai assez court, et dans la plus stricte intimité.

Mais très vite, prenant la mesure de l'émotion causée par le décès de celui qui était une des personnalités les plus aimées du public, il nous a fallu envisager les choses différemment.

D'abord, afin de répondre aux fleurs, aux messages, à ces innombrables marques d'affection qui nous sont adressées par les Français, célèbres et anonymes, j'enregistre un message de remerciements à poster sur les réseaux sociaux.

Et puis j'accepte le lendemain la proposition de Gilles Pélisson, alors P.-D.G. de TF1 : une interview pour le « 20 heures » menée par Michel Izard, journaliste de la chaîne et notre ami commun.

Dans les locaux de TF1, je suis bouleversée par l'émotion qui s'est emparée de celles et ceux qui furent, dans les bureaux, à la rédaction, les collègues de Jean-Pierre. Du président au personnel de l'accueil, en passant par les caméramans et les maquilleuses, tout le monde est en larmes et me manifeste sa sympathie.

L'interview se déroule dans un cadre très intime et Michel Izard fait montre d'un immense tact, si bien que je parviens à parler, les yeux emplis de larmes, rappelant notamment combien Jean-Pierre était attaché à son métier qui, avec les années, ne faisait plus qu'un avec TF1 et ses équipes.

Je me souviens avoir aussi évoqué dans cette interview la fois où il nous était arrivé de plaisanter sur ce qui se passerait le jour où il casserait sa pipe...

C'est après les obsèques de Johnny.

Jean-Pierre a tenu l'antenne pendant sept heures.

Une prouesse dont je le félicite et, allez savoir pourquoi (peut-être parce qu'il est mon Johnny à moi...), je lui dis :

— Ce sera pareil pour toi.

— Quoi ?

— Tes obsèques, le jour où ça arrivera. Il y a aura beaucoup d'émotion, dans tout le pays. Bien sûr, tu n'es pas une rock star, peut-être pas autant que pour Johnny… Mais il y aura une grande émotion, oui, et ton public sera là.

— N'importe quoi. Le jour où je mourrai, le public m'aura oublié.

Jean-Pierre, le public ne t'a pas oublié.

Ce sont donc des obsèques d'un format dépassant largement le cercle intime que nous organisons, cela avec l'aide de TF1, de Gilles Pélisson et de Thierry Thuillier, le patron de l'info, que je veux remercier ici, très chaleureusement, pour leur bienveillante présence à mes côtés et auprès de la famille de Jean-Pierre, dans un moment si difficile.

Naturellement, c'est au prêtre qui nous a unis « par les liens sacrés du mariage » que je pense pour la célébration de l'office religieux : l'abbé Maillard de La Morandais.

Suivant sa recommandation, nous choisissons la basilique Sainte-Clotilde, située dans le 7e arrondissement de Paris, comme lieu de la cérémonie dont la date est fixée au 9 mars.

Il s'agit dès lors d'en régler le déroulement et d'organiser la présence des sept cents personnes (capacité d'accueil maximale de l'église) qui pourront y assister.

TF1 souhaite pouvoir retransmettre la cérémonie à l'extérieur de l'église, anticipant la présence d'un public nombreux.

Si je n'y suis pas opposée, d'autres membres de la famille le sont : la retransmission est donc naturellement écartée.

Avec les prêtres, nous nous mettons d'accord sur le déroulé de la cérémonie, les prises de parole et les musiques qui la ponctueront.

Tom, Lou, Julia et Olivier ont souhaité témoigner de leur amour pour leur papa, ainsi que Marylou pour son oncle.

Gilles Pélisson a tenu, au nom de l'ensemble des personnels de TF1, à rendre hommage au journaliste, au grand professionnel et au collègue apprécié de tous.

Après lui, Jean-Pierre Foucault, Sylvie Tellier, Michel Izard, Évelyne Dhéliat et Dominique Lagrou-Sempère, Karine Le Marchand, Valérie Benaïm, viendront saluer leur ami.

Il y aura ces paroles incarnées, et celles de quelques chansons aimées de Jean-Pierre…

Johnny bien sûr, *Que je t'aime*, et puis, après l'homélie de l'abbé de La Morandais, *Je te promets*.

Il y aura Édith Piaf aussi, avec *La Vie en rose* et, pendant la communion, *Mon Dieu…* Édith Piaf et Jacques Brel, *Quand on a que l'amour…*

La cérémonie s'achèvera avec *Non, je ne regrette rien*; *Marie*; *Ne me quitte pas*.

Piaf, Johnny, Brel : ces voix, grandes, authentiques, qui ont si bien chanté les sentiments, heureux et douloureux, qui font battre les cœurs tout au long de la vie, et par-dessus tout l'amour, l'unique sentiment qui perdure lorsque la vie est finie…

Avec les mots et la musique, nous devons aussi penser à l'image, choisir deux photos, parmi des milliers, qui montreront Jean-Pierre tel qu'il demeurera dans les mémoires : un homme simple, sincère, chaleureux, souriant.

Nous choisissons la photo réalisée par Frédéric Dugit pour la couverture de son dernier livre, son autobiographie : *33 ans avec vous*, et ce portrait, tellement fidèle, réalisé par notre grand ami Nikos Aliagas qui nous a, avec beaucoup de gentillesse, autorisé à ce qu'il soit reproduit en grand format pour être dans l'église, auprès de l'autel et du cercueil, durant la cérémonie.

Le 9 mars arrive enfin.

Je suis persuadée que tout a été fait pour que les choses se passent au mieux, c'est-à-dire de manière à faire honneur à Jean-Pierre.

Une seule inquiétude : les enfants. Je ne voudrais pas les voir trop malheureux, submergés par l'émotion.

Je sais que Lou a rédigé son texte avec le plus grand soin. Que Tom a préféré faire comme papa : pas de prompteur !

Tous les deux traversent l'épreuve qui leur fait face avec beaucoup de courage : plus que jamais je suis fière d'eux, et leur papa l'est aussi, j'en suis certaine.

Lorsque nous arrivons à la basilique, je suis vivement impressionnée par la foule réunie tout autour du parvis.

Ses applaudissements, ses paroles affectueuses, ses signes de la main, ses visages émus, affectueux : je suis emportée par ce grand souffle d'amour qu'elle me transmet et, durant l'heure et demie qui suit, c'est bien cette force qui nous tient tous unis auprès de Jean-Pierre.

Dans l'église somptueuse, les grandes orgues résonnent, et les mots de la Bible... Aimons-nous les uns les autres... Bien-aimés, nous, nous savons que nous sommes passés de la mort à la vie, parce que nous aimons nos frères... Celui qui n'aime pas demeure dans la mort... Les mots de l'homélie de l'abbé de La Morandais, les paroles, si émouvantes, des enfants, des amis, et celles des chansons...

Les mots, en retour, de Jean-Pierre, de l'âme de Jean-Pierre qui, je l'entends, me murmure à l'oreille son amour...

Et Jean-Pierre, sous les applaudissements du public, accompagné par les siens, s'en est allé rejoindre sa dernière demeure...

> *Il restera de toi ce que tu nous as offert, ton amour, ta générosité, ta simplicité.*
>
> *Il restera de toi ce que tu as semé, ton attachement au monde et aux vraies valeurs.*
>
> *Ton sourire communicatif et ta voix vont nous manquer.*
>
> *Mon amour, Papa, Papi, tu seras pour toujours dans nos cœurs.*

MA VIE SANS JEAN-PIERRE AVEC JEAN-PIERRE

C'était pendant le confinement, à l'époque où nous n'avions droit qu'à une sortie par jour, dans la limite d'une heure et d'un kilomètre autour de chez soi.

Pour Jean-Pierre et moi, comme pour beaucoup de gens, l'occasion de découvrir les alentours de la maison, ce quartier de Louveciennes où nous habitions depuis près de vingt ans.

S'y trouve un aqueduc (construit durant le règne de Louis XIV pour l'alimentation en eau, celle de la Seine, du parc du château de Versailles). Et là, sous les arches de cet aqueduc, se trouve le cimetière de la ville.

Si la partie la plus ancienne ressemble à un cimetière comme on en trouve partout, avec ses lourdes pierres tombales, ses caveaux, la partie la plus récente est, elle, tout à fait étonnante : avec ses parterres de gazon et de fleurs, on dirait un jardin.

En le découvrant, nous y promenant, nous en venons naturellement à parler d'un sujet qu'il nous était déjà arrivé d'aborder ensemble, celui de l'endroit où nous voudrions être enterrés.

— Ici, ce serait pas mal, le paysage est charmant, avec toute cette verdure, ces couleurs… Beaucoup moins triste que dans un cimetière habituel, toujours un peu lugubre, dis-je à Jean-Pierre.

Jean-Pierre qui, lui, penche plutôt pour Amiens, son berceau familial… Ce à quoi je lui réponds :

— Amiens ? Mais c'est loin ! Le trajet en corbillard, depuis Paris, les pompes funèbres vont me facturer ça très cher !

Et nous éclatons de rire.

À partir de là, l'idée a fait son chemin, tout à fait sérieusement, et, quelques jours plus tard, la décision d'être enterrés tous les deux dans le cimetière paysager de Louveciennes est prise.

C'est Jean-Pierre qui y arrive le premier, ce 9 mars 2022, en milieu d'après-midi.

Le corps de Jean-Pierre.

Son âme, pour moi, c'est tout à fait clair, n'est pas et ne sera jamais ici, en ce jardin, dans cette terre : elle s'est envolée, elle a rejoint l'au-delà, d'où elle veille sur moi.

Après l'enterrement, nous nous retrouvons à la mairie, où madame le maire a gentiment mis une salle à notre disposition pour que nous puissions passer encore un moment ensemble.

Autour de moi, la famille, les très proches, une soixantaine de personnes qui, comme moi, émergent petit à petit du bain émotionnel dans lequel l'adieu à Jean-Pierre nous a plongés.

On échange quelques mots de circonstance, l'essentiel étant finalement d'être là, présents, simplement présents.

D'être ainsi réunis nous aide à accepter cette absence avec laquelle il va nous falloir vivre désormais.

Absence que la mémoire, c'est son rôle, va venir combler.

Déjà, j'entends les uns et les autres évoquer des souvenirs, moments drôles, heureux, de nos vies avec Jean-Pierre...

Jean-Pierre, je suis impatiente de le « retrouver » à la maison.

Dans le salon, j'ai installé une belle photo de lui, autour de laquelle j'ai allumé des bougies, déposé tous les messages de sympathie qui nous ont été envoyés, ainsi que les fleurs, tous ces superbes, ces émouvants bouquets… Je pense notamment à ceux des forains, un univers qui était particulièrement cher au cœur de Jean-Pierre, qu'il a souvent défendu et mis en valeur, des femmes et des hommes que l'annonce de sa mort a rendus extrêmement tristes et qui, avec ces fleurs magnifiques, sont venus lui témoigner leur affection (avant de baptiser, quelques mois plus tard, « allée Jean-Pierre-Pernaut » l'allée principale de la célèbre Foire du Trône qui se tient, chaque année, sur la pelouse de Reuilly, à l'ouest de Paris).

Ma vie sans Jean-Pierre avec Jean-Pierre : voilà, c'est maintenant, c'est ici, à la maison, dans notre salon, que cela commence.

Le corps de Jean-Pierre repose dans sa tombe.

Je ferai le nécessaire pour que celle-ci soit belle, toujours fleurie. Je veux y mettre, gravés dans la pierre, quelques mots d'amour.

Dans ce cimetière pas comme les autres, dans ce « jardin des morts », je vais me rendre très souvent… Même si les morts, mes âmes me l'ont dit (à commencer par celle de ma grand-mère adorée), n'apprécient pas trop que l'on vienne leur rendre visite. Ils trouvent cela inutile. Certains d'entre eux, paraît-il, se moqueraient gentiment de ces gens qui viennent, comme ils disent, « parler à leurs morts ».

C'est que, dans les cimetières, il n'y a que des corps : parler à des corps leur paraît ridicule.

C'est aux âmes qu'il faut parler.

Aux âmes qui se trouvent partout.

À chaque endroit où l'on est prêt à les entendre, à les écouter. À leur parler.

Pour moi, c'est d'abord ici, à la maison, dans le salon, à la lueur des bougies.

Ensuite, on verra.

Chaque fois que l'âme de Jean-Pierre me fera signe, je serai là.

Ainsi, quelques jours après sa mort...

Son corps est encore à l'hôpital, reposant dans la chambre mortuaire.

Suite à la tentative lamentable des paparazzis d'y pénétrer, l'hôpital m'appelle pour me dire qu'une procédure de sécurité va être mise en place. Je comprends qu'il s'agira notamment d'un code dont devront être munies les personnes souhaitant aller se recueillir auprès de la dépouille de Jean-Pierre.

Pour ce code, un mot me vient alors à l'esprit : *sapin*.

En route pour l'hôpital, je fais part de ma trouvaille à Muriel, qui a bien du mal à ne pas rire :

— « Sapin » ! Mais où est-ce que tu es allée chercher ça ? C'est glauque !

— Je ne sais pas, ça m'est venu comme ça...

Nous arrivons à Georges-Pompidou, descendons dans le parking souterrain. Je cherche une place pour me garer, le parking est pratiquement plein...

Je trouve finalement, entre deux voitures, un stationnement libre.

Je me gare, descends et, là, à cette place, au sol, à côté de la roue arrière gauche de la voiture, une branche de sapin.

Nous nous regardons, Muriel et moi.

Nous regardons, restons les yeux fixés sur ce qui se trouve là, par terre, une branche de sapin !

C'est totalement saugrenu, inexplicable.

Pour n'importe qui de sensé.

Pas pour moi.

C'est Jean-Pierre, l'âme de Jean-Pierre qui me manifeste sa présence.

Ce mot *sapin* qui m'est venu tout à l'heure, c'est elle qui me l'a soufflé.

J'explique cela à Muriel, avec beaucoup de conviction.

Mais toi, Jean-Pierre, dis-moi, qu'est-ce que tu en penses ?

Homme rationnel, cartésien, terre à terre, Jean-Pierre s'est, au fil des années, habitué à ma façon de voir la vie et ses mystères, ses choses invisibles ou inexplicables.

Mes pressentiments, mes rêves prémonitoires, mes dialogues avec mes âmes, mes anges gardiens, ma faculté de ressentir, chez certains êtres, dans certains lieux, des vibrations particulières : ces phénomènes lui sont devenus familiers.

Sans y croire tout à fait, il a accepté d'en être, en quelque sorte, le spectateur.

Maintenant qu'il est mort et que son âme s'est envolée, le voilà acteur : son âme m'envoie des signes, son âme me parle.

Lorsque je lui demande quelque chose, elle me répond par un signe.

TOUJOURS AVEC NOUS… AUTREMENT

Les psychologues anglo-saxons parlent d'*after-death communication*, et les Français, de manière plus ampoulée, de « vécu subjectif de contact avec un défunt ».

Le phénomène (« expérience spontanée qui donne au sujet une impression de contact ou de présence avec un proche décédé ») a été étudié, aux États-Unis notamment, où des milliers de témoignages ont été recueillis, qui ont permis de constituer une base de données.

Il y a des gens qui cherchent à comprendre.

D'autres qui ne veulent voir là que des élucubrations, des fariboles.

Et moi, dans ce monde qui a toujours du mal à faire une place à l'invisible, à l'inexplicable, je vis ma vie avec Jean-Pierre, même si Jean-Pierre n'est plus là.

Après des semaines très intenses en émotion, le quotidien a repris ses droits, chacun est retourné à ses activités. Les enfants, à leurs études. Tom, à son école de commerce à Lille. Lou qui a maintenant son studio à Paris, et qui retourne dans son école d'architecture d'intérieur…

Me voilà seule à présent pour veiller sur leur avenir.

Chaque jour, je me confie à Jean-Pierre, particulièrement dans notre salon, devant cet autel que je lui ai dédié, au-dessus duquel se trouve sa photo entourée de bougies et de fleurs.

Toujours prête à fondre en larmes et inquiète de tout, je viens auprès de lui chercher des réponses à toutes mes questions existentielles. Je lui dis ma peine et mes angoisses.

« Merci d'avoir été un aussi bon père, je veux que tu sois fier de moi, continue, de là-haut, à nous protéger comme tu l'as toujours fait. Je t'aime. »

« Je suis inquiète pour les enfants, vais-je être à la hauteur ? »

Un jour, je passe ainsi, une fois de plus, un moment avec lui. Et puis, le cœur lourd, je vais préparer le déjeuner.

Dans la cuisine, vraiment ça ne va pas, je me sens découragée, démunie, j'ai peur de ne pas être à la hauteur des responsabilités qui m'incombent désormais.

Un point me tourmente particulièrement : financièrement aussi, je me dois d'y arriver.

Mon omelette est en train de cuire doucement lorsque, intérieurement, je ressens comme un ordre qui m'est donné : je dois aller dans le bureau de Jean-Pierre.

Il y a cet ordre et il y a l'omelette qui est en train de cuire : mon esprit est confus.

Mais ce que je ressens est vraiment trop fort : je retire l'omelette du feu et je vais dans le bureau de Jean-Pierre, où se trouve une bibliothèque de plusieurs centaines de livres.

Une bibliothèque qui, lorsque j'entre dans la pièce, capte mon regard. Mes yeux en parcourent les rayonnages. S'arrêtent sur un livre en particulier.

Je m'approche.

Je prends le livre, je l'ouvre : à l'intérieur, cinq billets de 100 euros !

Une très vive émotion me saisit : il m'a entendue, c'est un signe qu'il m'envoie.

Je referme le livre, le remets à sa place, et vais dans le salon, devant l'autel, et m'adresse à Jean-Pierre.

Je lui dis merci.

Merci de m'avoir envoyé ce signe pour me dire de ne pas m'inquiéter, pour me donner confiance.

Merci, mon chéri.

After-death communication, « vécu subjectif de contact avec un défunt » : pour les incrédules, les sceptiques, ce ne sont là que des histoires de dingos, de gens qui cherchent à tout prix à ce que la vie soit différente de ce qu'elle est, des gens qui se racontent des histoires insensées auxquelles ils s'empressent de croire.

Que leur répondre ?

Les incrédules, ou les sceptiques, je pense qu'il est difficile de vouloir les convaincre.

Avec Jean-Pierre, je n'ai jamais cherché à le faire.

Idem avec les enfants.

Alors, ce soir de débat télévisé de la campagne pour l'élection présidentielle de 2022, quelques semaines, donc, après la mort de son papa, quelle n'est pas ma surprise lorsque, de ma chambre, j'entends, dans le salon, Tom, en compagnie de sa petite amie Juliette, crier :

— Papa, s'il te plaît, éteins la télé !

Je me lève, vais voir ce qui se passe. Tom me répond :

— Tu dis que papa te parle, qu'il t'envoie des signes. Et à moi, il ne dit rien, il n'adresse aucun signe ? Alors, j'essaie quelque chose, on va bien voir s'il m'a entendu...

Je retourne dans ma chambre, n'ayant trouvé d'autre réaction que celle de sourire. Je retrouve sur mon écran de télévision les deux candidats en train de s'empoigner.

Une bonne demi-heure passe, j'entends Tom dans le salon qui n'arrête pas de répéter « Papa, s'il te plaît, éteins la télé ! » et, tout à coup, ma télé fait un arrêt sur image, Tom s'exclame :

— Oh, c'est pas vrai !

Sur son poste de télévision du salon comme sur le mien : arrêt sur image.

— Maman, maman, papa m'a entendu ! me lance un Tom heureux comme un enfant venant de recevoir le plus beau des cadeaux.

Je partage sa joie, et je remercie Jean-Pierre, en lui demandant de bien vouloir me permettre de continuer de regarder ce débat télévisé où, tout de même, se joue en partie l'élection du prochain président de la République !

Mais je crois que Jean-Pierre est d'humeur taquine, ce jour-là...

Tom demande à son papa de refaire fonctionner la télé. Après quatre tentatives, son poste de télévision fonctionne de nouveau. Mais, de mon côté, rien. Ma télé reste bloquée et, comble de l'ironie, la chaîne sur laquelle je regardais le débat (TF1 bien sûr) n'est plus accessible ! Me voilà dans l'obligation de passer sur France 2 !

Concernant Tom et son papa, il y a cet autre épisode, épisode d'autant plus étonnant pour lui que je n'y interviens absolument pas…

Il se trouve que la maman de l'un de ses meilleurs amis est, comme moi, une personne apte à ressentir, à identifier les signes venus de l'au-delà.

Un jour, alors que Tom déjeune avec eux, la maman lui dit :

— Tom, je voudrais te dire quelque chose… C'est au sujet de ton papa… Il est avec nous en ce moment, assis à cette table… Il m'a parlé de toi… Il m'a dit que tu allais recevoir une montre…

Tom vient me raconter ça, évidemment troublé et heureux par ce message que lui a transmis la maman de son ami.

Message très intrigant pour lui, qui l'est aussi beaucoup pour moi…

Lors de notre dernier Noël ensemble, son papa (a-t-il alors songé qu'il ne serait peut-être plus là ?) m'a demandé de faire quelque chose le jour des vingt ans de Tom.

À l'occasion de ce grand jour, lui donner l'une de ses montres, une à laquelle il tenait particulièrement.

Cette volonté de Jean-Pierre, la mère de l'ami de Tom, bien sûr, l'ignore tout à fait.

Naturellement, Lou aussi reçoit des messages de son papa.

La première fois, c'est une nuit.

Il se trouve que je suis alors un peu fâchée contre Jean-Pierre, lui reprochant de ne pas m'avoir parlé ni adressé de signe depuis un petit moment… Juste un petit moment…

Et voilà que, vers 1 heure du matin, Lou m'appelle, très agitée :

— Maman, maman ! La télé…

— Quoi, la télé ?

— Elle s'est allumée toute seule et…

— Et quoi ? Dis-moi…

— La télé s'est allumée toute seule, sur un film et, dans ce film, il y a un personnage qui a dit : « Ma fille, je suis fier de toi »… Il a dit ça, j'ai entendu ça, et puis la télé s'est éteinte. La copine qui est avec moi a halluciné !

Lou est aux anges, son père s'est également adressé à sa fille adorée, lui a envoyé son premier signe !

Je lui explique ce qui vient de se produire : comme, plus tôt dans la soirée, on s'est disputés, lui et moi, son papa a préféré entrer en relation, cette nuit, avec sa fille plutôt qu'avec moi !

C'est tout simplement l'âme de son papa qui a souhaité lui adresser un message, voilà. Et si elle a choisi de le faire comme ça, de manière un peu spectaculaire, c'est peut-être parce que c'était la première fois...

Pour nous parler, nous dire qu'elles sont là, veillant sur nous, pour nous dire qu'elles nous aiment, nos âmes emploient toutes sortes de moyens, qui, parfois, sont parfaitement apparents, et qui, d'autres fois, se font plus discrets.

À nous de savoir, chaque fois, les reconnaître, les identifier.

Lou et Tom ont appris à le faire, le savent, je crois. Je les vois aller dans la vie, protégés par l'âme de leur papa.

LA VIE APRÈS LA MORT

La vie a repris son cours, sans Jean-Pierre, mais avec Jean-Pierre.

Pour moi, l'affaire à reprendre en priorité est celle du déménagement. Cette opération que Jean-Pierre voyait comme quelque chose de titanesque, il me faut m'en occuper toute seule et, la vente de la maison de Louveciennes ayant été réalisée, je dois, si je ne veux pas me retrouver sans toit, faire en sorte que la date du déménagement et celle de l'emménagement dans la nouvelle maison coïncident exactement.

Ce qui n'est pas évident.

Je dois jongler avec une multitude de paramètres et, craignant de ne pas y arriver, je me fais pas mal de soucis.

Auprès de Bruno, que j'avais déjà consulté du fait de son don de communication avec les défunts, je vais chercher un peu de réconfort, de confiance.

Lorsque je lui fais part de mon inquiétude au sujet de ce déménagement, Bruno me dit que je n'ai vraiment aucune raison de me faire du mouron :

— Regarde…

Bruno m'invite à venir à la fenêtre, à regarder en bas, dans la rue… Il y a là un camion garé, un camion assez gros, à l'arrière duquel des hommes chargent des caisses, du mobilier : un camion de déménagement !

Certains verront là un simple hasard.

Pour Bruno, il s'agit plutôt d'un signe, et il m'invite à le voir comme tel, m'offrant ainsi de trouver la confiance qui me manquait.

Bruno est un médium d'une puissance rare.

Dans mon parcours avec ce qui touche à l'au-delà, il a joué un rôle extrêmement déterminant : avec lui, j'ai vécu des expériences de contact avec mes âmes d'une intensité sans égale.

Depuis la mort de Jean-Pierre, il y a moins d'un mois, c'est notre première rencontre. Je ne peux m'empêcher de demander à Bruno si l'âme de Jean-Pierre lui a déjà fait signe.

Bruno me répond par l'affirmative, en soulignant que c'est là quelque chose d'assez rare.

En effet, après le décès, l'âme du défunt est très occupée. Il lui faut prendre ses quartiers, si l'on peut dire, dans l'au-delà.

Grâce à son don, Bruno a pu se connecter avec l'âme de Jean-Pierre, et ce qu'il me raconte de cette « visite » est absolument saisissant.

Bruno me dit :

— Jean-Pierre me rapporte que la lettre qui a été glissée dans la poche droite de son gilet l'a beaucoup touché.

Ce que me dit Bruno est tout à fait exact.

La lettre dont il me parle est celle que Lou a rédigée à l'attention de son papa, lettre qu'elle a souhaité qu'il emporte avec lui dans l'au-delà, que, pour cela, elle a mise dans la poche de son gilet (la poche droite, je m'en souviens), quelques jours avant que le cercueil ne soit fermé.

Scène à laquelle Bruno n'a pas assisté. Il n'était pas dans la chambre funéraire à ce moment-là : du geste de Lou, il ignorait tout.

Et Bruno d'ajouter :

— Jean-Pierre a été particulièrement touché par ce billet d'adieu et veut remercier Lou pour ses si beaux mots… Mais aussi, c'est bizarre, Jean-Pierre me demande en riant de te dire merci pour « quelque chose » en relation avec de l'alcool…

Une fois de plus, Bruno est dans le vrai : j'ai, entre autres choses, mis une petite bouteille de bière, l'un des péchés mignons de Jean-Pierre, dans le cercueil.

Les capacités médiumniques exceptionnelles qui sont les siennes permettent à Bruno d'avoir cette qualité de vision.

Je rentre à la maison, rassurée, apaisée, et m'empresse de relater ce que je viens de vivre.

Bruno m'en a apporté une nouvelle preuve : il y a une vie après la mort.

Je l'ai toujours su.

— C'est sûr, je n'en suis pas là, regrette Muriel, avec un peu d'ironie...

Muriel qui fait partie intégrante de la famille et qui, elle aussi, a souhaité que Jean-Pierre emporte quelque chose d'elle, un objet qui symboliserait le lien d'amitié qu'ils ont tissé tous les deux au fil des années...

Après s'être creusé la tête pendant un petit bout de temps, Muriel a arrêté son choix. Sur quoi ?

— Une souris d'ordinateur !

Muriel s'est souvenue de la relation toujours un peu tendue que Jean-Pierre entretenait avec les ordinateurs, les téléphones portables et autres objets connectés. Lorsqu'il y avait un problème, quelque chose qui ne marchait pas, ou plutôt lorsqu'il ne voulait pas perdre son temps à trouver la solution, qui appelait-il, qui était son dépanneur, son sauveur, qui était sa « hot-line » ?

Muriel !

Avec un peu d'humour, et toute son affection, Muriel a donc déposé une souris d'ordinateur dans le cercueil de Jean-Pierre…

Quelques jours après l'enterrement, l'écran de son téléphone portable lui fait des misères : soudain, au centre de l'écran, un carré noir !

Muriel éteint l'appareil, le rallume : le carré noir réapparaît.

Muriel procède à toutes sortes de bidouilles pendant près d'une heure : le carré noir est toujours là !

Alors, se sentant proche de perdre ses nerfs, Muriel préfère oublier ce maudit téléphone et passer à autre chose.

Mais une pensée lui vient : et si c'était… Et si c'était Jean-Pierre qui lui jouait un tour ?

Muriel se surprend à avoir une telle pensée, elle qui, malgré sa proximité avec moi, ne croit pas trop à la possibilité de communication entre les vivants et les morts.

Mais enfin, Jean-Pierre aimait bien la taquiner : là où il est, sait-on jamais, il n'a peut-être pas changé...

— Jean-Pierre, si c'est toi qui as mis ce carré noir sur l'écran de mon portable, si c'est toi, maintenant, ça a assez duré, ce n'est pas drôle, arrête ça !

Par acquit de conscience, Muriel regarde si quelque chose se passe sur son téléphone...

Quelque chose se passe, oui : le carré noir disparaît !

Après sa mort, avec les signes qu'il leur envoie, Jean-Pierre est ainsi toujours présent dans la vie de ses proches, fidèle à lui-même : affectueux, attentionné, généreux et taquin...

Je repense souvent à la manière avec laquelle il a fait ses adieux au public, à la fin de son dernier « 13 heures ».

Aux millions de Français qui lui étaient attachés et qui étaient tristes ce jour-là, il a dit : « Je ne vous oublierai jamais. »

Ces mots résonnent en moi bien sûr de manière particulière. Ils étaient ceux de Jean-Pierre Pernaut, ce 18 décembre 2020 : je sais qu'ils sont désormais pour nous, ses proches, et pour vous, son public, ceux de l'âme de Jean-Pierre.

MON PRINCE EST REVENU

En juin, voilà, c'est fait, j'ai déménagé.

Cela s'est très bien passé, grâce notamment à l'attitude des deux familles que l'opération m'a fait rencontrer et que je remercie pour leur bienveillance : les acheteurs de la maison de Louveciennes, les vendeurs de la nouvelle maison.

À Louveciennes, il m'a été gentiment assuré que cette maison où je laissais tant de souvenirs ne me serait jamais fermée : si j'avais besoin d'y revenir, je ne devais pas hésiter, on serait toujours heureux de m'y accueillir.

Dans la nouvelle maison, j'ai pu tranquillement m'installer.

Ou plutôt « nous installer ».

Car Jean-Pierre est ici partout, dans chaque pièce.

D'abord, il y a sa chambre.

À Louveciennes, lorsque Jean-Pierre a commencé à être malade, j'avais pensé que, le temps de son rétablissement, il lui faudrait une chambre à lui, en bas, plus pratique.

Dans la nouvelle maison, c'est pour moi que cette pièce est devenue indispensable.

Je l'y retrouve à différentes périodes de sa vie.

Jeune homme faisant son service militaire (sur la base aérienne d'Évreux-Fauville, à la 64e escadre de transport).

Jeune journaliste faisant ses débuts à TF1, dont les studios se trouvent alors rue Cognacq-Jay, à Paris : le temple de la télévision française… Jean-Pierre présente le journal de 23 heures… Il y a cette photo de lui à son bureau, à la rédaction, avec cette lampe qu'il a conservée tout au long de sa carrière, et qui, aujourd'hui, se trouve là, dans cette pièce, sur la table de chevet.

Dans cette chambre se trouvent également trois des quatre trophées des « 7 d'or » de « meilleur présentateur de journal télévisé » : 1997, 1999, 2001 et 2003, année de la dernière édition de cette cérémonie…

Partout dans la maison, des photos de Jean-Pierre, dans sa vie professionnelle, ses loisirs, et bien sûr, avec moi, avec ses quatre enfants, ses proches, ses amis : l'album d'une vie.

Aussi, dans le salon, plantée au pied de son bonzaï, cette petite reproduction, un « mini » Jean-Pierre en costume bleu… Je souris chaque fois que j'arrose, avec beaucoup d'amour, cette plante qu'il affectionnait tant.

Dans la cuisine, la magnifique photo de Nikos Aliagas : lorsque, au moment du déjeuner, je regarde le « 13 heures », j'ai l'impression de le regarder avec Jean-Pierre…

À la cave, ses casques de pilote automobile, des souvenirs de courses auxquelles il a participé (sa grande passion), les multiples coupes et trophées qu'il a remportés…

Et puis, très important, le cadeau que j'avais prévu de lui faire pour son anniversaire, et que j'ai fait !

La cave à vin !

J'ai tâché de ranger les bouteilles comme Jean-Pierre l'aurait fait. Je l'imagine venant ici chercher un bordeaux, un bourgogne, un vin de Loire ou un côte-du-rhône, j'imagine la réunion de famille ou avec des amis au cours de laquelle on la dégusterait…

Jean-Pierre m'avait félicitée d'avoir organisé et réalisé, toute seule, ce projet de déménagement qui lui paraissait une entreprise surhumaine, d'avoir même commencé à penser à la décoration de la nouvelle maison… Travail qu'il a pu suivre *via* FaceTime… Chaque jour, je lui en montrais la progression : l'emballage des cartons, le rangement, le tri de vingt ans de vie dans notre maison des Yvelines…

Lorsque nous avons été installés dans notre nouvelle demeure, cette fois dans les Hauts-de-Seine, j'ai ressenti que Jean-Pierre, de là-haut, s'y sentait bien.

Dès le premier matin, il m'a fait signe...

Je me réveille, j'ouvre les volets et, là, je découvre devant moi un oiseau.

Un petit oiseau au plumage vert, une perruche à collier, qui semble blessée.

Je la prends dans le creux de mes mains, je lui donne à boire, à manger, je la soigne.

Lorsqu'elle va mieux, je lui rends sa liberté : le petit oiseau s'envole...

L'oiseau, il faut le savoir, est un symbole important dans la communication entre les vivants et les morts : le symbole du couple.

Ce petit oiseau blessé, je le vois comme notre couple, blessé par l'épreuve de la maladie, l'épreuve de la mort, blessé et puis soigné, guéri, qui repart dans la vie.

La petite perruche s'est envolée, mais le symbole de l'oiseau continue de m'apparaître : pratiquement chaque jour, je trouve une plume sur le seuil de la terrasse de ma chambre.

La vie a repris, personnelle et professionnelle...

Je remonte sur scène, repars en tournée avec *Les Tontons farceurs*.

Nous jouons à Nantes. N'ayant pas pu prendre le même train que mes camarades, j'y arrive seule.

De la gare, je dois me rendre directement à pied vers mon hôtel. Impossible de m'orienter, je me perds dans la ville et mes pas me mènent jusqu'à un café.

Un café où, l'année précédente, le souvenir me revient avec une incroyable et bouleversante précision, j'ai partagé un goûter et un chocolat chaud avec Jean-Pierre.

Nous étions ensemble à Nantes pour une dédicace. Après cette rencontre très chaleureuse avec le public, nous étions venus dans ce café souffler un peu. Un petit moment tout simple, rien que tous les deux, un petit moment tout de complicité et de tendresse : je l'avais rangé dans ma mémoire, cette boîte à bijoux faite pour qu'on la retrouve un jour, par hasard, et qu'on l'ouvre...

Je suis entrée dans le café, je suis allée à l'endroit précis où nous étions attablés, j'ai touché la chaise sur laquelle Jean-Pierre était assis, et puis je suis ressortie...

Le théâtre a repris, avec des dates à Paris, à L'Alhambra, de mi-juin à fin juillet.

À la fin de chaque représentation, lors du salut, j'embrasse ma main et envoie mon baiser vers le ciel, vers Jean-Pierre. Il aimait tant me voir jouer, et il adorait cette pièce qu'il était venu voir à trois reprises : la fierté dans ses yeux, je ne l'oublierai jamais.

Aussi, à cette même période, je participe à un salon du livre qui se tient à Lille, où je suis hébergée chez des amis, la famille Jacquemet.

Dans la nuit je fais un rêve – pas un cauchemar, un rêve, mais un rêve *bizarre*.

Avec Jean-Pierre, nous sommes en voiture. C'est Jean-Pierre qui conduit. Nous filons sur l'autoroute.

« Jean-Pierre ? Mais il est mort ! » – dans mon rêve, c'est ce que je me dis, et cela me met dans un état de panique.

J'ai absolument besoin de dire à Jean-Pierre qu'il est mort, que, de ce fait, il ne peut pas conduire !

Mais comment le lui dire sans que cela provoque une catastrophe ?

Si je le lui dis, aussitôt il va disparaître et la voiture n'aura plus de conducteur : ce sera l'accident !

Ma panique est telle que je me réveille dans un état de grande interrogation.

Au petit déjeuner, je retrouve mes amis et, naturellement, je leur raconte ce rêve, oui, vraiment *bizarre*...

Le raconter m'aide à mieux en comprendre le sens.

Je pense que ce rêve précède une annonce.

L'annonce de quoi ? Je me le demande bien.

Cette tracasserie à l'esprit, je me rends au salon du livre, où ma place m'attend, où je vais passer quelques heures avec mes lectrices et mes lecteurs, faire avec les unes et les autres un brin de conversation, et leur signer des dédicaces.

Un monsieur vient ainsi me rencontrer, qui est tout à fait sympathique et me dit être auparavant passé chez une voyante présente dans ce même salon.

— Vous devriez aller la voir, me fait le monsieur.

Le genre de recommandation, vous vous doutez bien, que je ne prends pas à la légère...

Aussitôt, j'abandonne un instant mes livres et mes signatures pour aller à la rencontre de cette voyante.

Installée dans un coin très discret, celle-ci m'accueille avec beaucoup d'émotion, les larmes aux yeux.

Dernièrement, elle a reçu des messages pour moi. Des messages dont elle se demandait comment elle allait pouvoir me les transmettre... Elle ne se doutait pas que je serais présente moi aussi dans ce salon littéraire, et que quelqu'un m'inciterait à venir la voir...

— Ces messages, il y en a deux, sont de votre mari.

Lorsque la voyante m'annonce cela, naturellement mon cœur se met à battre, je suis émue. En même temps, en mon for intérieur, je pense : *De qui d'autre pouvaient-ils venir, si ce n'est de Jean-Pierre ?*

— Dans le premier, votre mari dit, je répète ses mots : « Et merde, tu avais encore raison ! Il y a bien une vie après la mort ! »

Les mots, exactement les mêmes mots que j'avais glissés à l'oreille de Jean-Pierre sur son lit de mort, à l'instant où son âme venait de s'envoler.

Me rapportant ces mots légèrement crus, la voyante est un peu gênée.

Moi, je souris, je suis contente : ces mots, je les reconnais...

— Dans le second, votre mari dit : « Maintenant, Nathalie, ça y est, j'ai compris : je suis mort. »

Entendant cette parole, tout s'éclaire alors en moi.

Ce rêve *bizarre* que j'ai fait la nuit passée, ce rêve où j'avais tellement peur de dire à Jean-Pierre qu'il ne pouvait pas conduire parce qu'il était mort, ce rêve était annonciateur d'une parole que j'attendais, qui ne pouvait pas venir de moi, mais seulement de Jean-Pierre...

« Maintenant, Nathalie, ça y est, j'ai compris : je suis mort. »

Afin que les choses dans mon esprit soient parfaitement claires, afin que je n'aie plus à me tourmenter, j'avais besoin d'entendre Jean-Pierre me dire que tout était clair pour lui aussi.

En somme, j'avais besoin d'entendre que nous étions bien, tous les deux, *sur la même longueur d'onde.*

Voilà, je l'ai entendu.

Jean-Pierre est mort, je suis vivante, et nous vivons toujours ensemble.

Début du premier été sans Jean-Pierre.

Mais donc avec Jean-Pierre...

En Bretagne, Tom effectue un stage en juin dans le restaurant de nos amis Olivier et Gwen, et il séjourne chez eux.

Un soir, à la fermeture de l'établissement, Olivier et Tom discutent sur la terrasse.

Ils parlent de lui, de l'ami, du père : de Jean-Pierre.

À leurs pieds, soudain, ils remarquent un oiseau immobile, paisible, qui avait l'air d'écouter leur conversation. Ce petit être de plumes les a (ré)confortés dans l'idée que Jean-Pierre était auprès d'eux, comme avant.

Le mois suivant, contrairement à nos habitudes, cette année, pour moi, pas de vacances au Club avec nos amis : je n'en ai pas envie. Me retrouver dans un de ces lieux paradisiaques sans mon mari m'est inconcevable.

Je passe le début du mois de juillet dans le sud de la France avec, régulièrement, la compagnie de Lou, celle de Tom et de sa petite amie Juliette, ainsi que celle de ses parents.

Loin de moi l'idée de bouger de la région et de partir ailleurs.

— Rejoins-nous, essaient de me convaincre les amis avec lesquels, toujours, nous passions nos vacances d'été, tu seras avec nous !

Ils sont gentils, ils sont adorables, mais toute l'affection qu'ils me témoignent ne suffit pas à vaincre ma tristesse.

Ah, mais nos amis ne m'écoutent pas (ils ont sans doute raison) :

— Tiens, ton billet d'avion, ta réservation !

Me voilà invitée à les rejoindre en Grèce, sur l'île d'Eubée, au bord de la mer Égée. Une telle marque d'affection, une telle générosité : je ne peux refuser.

Ces vacances, je les passe à me remémorer les souvenirs du temps où nous étions tous ensemble. Souvent, quand je me retrouve seule, je pleure.

Mais les amis ont eu raison d'insister : je peux compter sur eux pour m'aider à surmonter l'insurmontable.

Je nage chaque jour. En nageant, je parle à Jean-Pierre.

Un jour, alors que je viens de lui demander de me faire signe, je me retourne et, qu'est-ce que je vois, flottant sur l'eau turquoise ?

Une plume.

Mais alors, toute petite ! Vraiment trop petite à mon goût ! Et donc, je manifeste mon mécontentement à Jean-Pierre :

— Eh bien, dis donc, tu ne t'es pas foulé ! Tu n'aurais pas pu en trouver une plus petite encore ?!

Continuant de nager, quelques secondes plus tard, je me retourne de nouveau, et alors là, je ne râle plus, je suis heureuse : à la surface de l'eau turquoise, merci, Jean-Pierre !, une belle et grande plume blanche.

Avec cette petite plaisanterie, sans doute Jean-Pierre a-t-il cherché à me détourner de mon insondable tristesse.

Cette tristesse, il n'y a que les lunettes de soleil pour être capables de la masquer… Mais elles n'y parviennent pas.

Un jour, alors que je sors de l'eau, une vacancière s'approche de moi, me demande, avec beaucoup de délicatesse, si elle peut me parler…

— Oui, bien sûr.

— C'est que j'ai quelque chose à vous dire. Vous êtes si triste… Vous êtes si triste alors que vous ne devriez pas l'être : car celui qui vous manque est là, avec vous… Il ne vous quitte pas des yeux.

L'inconnue m'a pris la main, l'a serrée avec beaucoup de douceur, faisant courir en moi une onde consolatrice…

L'été s'est terminé dans le Var, où je suis retournée et où ma fille m'a rejointe jusqu'à la fin août. Nous avions besoin de nous retrouver toutes les deux…

Et Jean-Pierre, bien sûr, est là, auprès de moi. Où que je sois, il est là, me manifestant sa présence par un signe qu'il m'envoie. À quelle heure vit-on dans l'au-delà ? Je ne sais pas. Ce que je sais, c'est que Jean-Pierre se préoccupe peu du décalage horaire ! Il me fait signe quand il veut, n'importe quand, et de préférence la nuit, quand je dors…

4 heures du matin : la télé s'allume !

J'attrape la télécommande, j'éteins : la télé se rallume.

Trois ou quatre fois comme ça, au moins ! Et le comble, sur LCI (la dernière chaîne sur laquelle Jean-Pierre a officié) !

Jean-Pierre, je voudrais bien dormir encore...

— Jean-Pierre, franchement, tu exagères !

Rien ne se passe, la télé est toujours capricieuse, je prends mon téléphone pour filmer la scène et montrer les télécommandes qui sont posées devant moi sur mon lit.

Je tente de zapper sur les canaux HDMI afin de ne plus pouvoir capter de chaîne : raté !

Je n'ai d'autre solution que de me lever et de tout débrancher, le décodeur et la télé. Alléluia !

— Jean-Pierre, je t'aime.

Je me rendors sereine après avoir reçu ce nouveau signe.

Un jour, je passe au marché acheter des plantes pour le cimetière.

Je suis en train de les choisir lorsque l'accordéoniste, un habitué de ce marché, se met à jouer un air que je ne l'ai jamais entendu jouer. La chanson du dessin animé *Blanche-Neige et les sept nains* : *Un jour mon prince viendra*. Une musique que nous adorons, Jean-Pierre et moi... Enfin, surtout moi, qui la lui chantais régulièrement... Pour mes quarante ans, Jean-Pierre a confectionné un immense cadre avec des photos amusantes de lui et cet énorme titre, écrit en rose : « Un jour mon prince viendra… »

Ce jour-là, au marché, l'âme de Jean-Pierre m'a de nouveau parlé, en chantant cette fois… Jusqu'à ce que je dépose les plantes sur sa tombe, j'ai eu cet air dans la tête, il ne m'a pas quittée.

Preuve supplémentaire de notre relation éternelle : ce jour-là, mon prince est revenu.

Une autre chanson… Celle-là est de Bob Marley…

Durant l'hiver 2023, je vais passer quelques jours de vacances aux Maldives. Une nouvelle fois, j'ai fini par dire oui aux amis qui me proposaient de venir avec eux…

Cela n'a pas été facile : les Maldives, c'est là que j'avais passé mes dernières vacances avec Jean-Pierre…

Durant le séjour, malgré tout ce qu'il y a de beau autour de moi, malgré tous les divertissements et la joie de vivre très communicative de mes amis, malgré tout cela, je reste avec ce triste souvenir.

Un soir, alors que nous sommes attablés dans un restaurant et que l'ambiance, avec ma joyeuse bande, est vraiment à la fête, un peu en retrait, je me sens soudain oppressée, j'ai absolument besoin d'aller prendre l'air.

Je sors sur la terrasse, qui se trouve face à la mer.

Il pleut.

Je m'assois, regarde devant moi, la pluie qui tombe, la mer, le vide.

Et le chagrin soudain me submerge.

Je me mets à pleurer.

Je pleure dans la nuit, et le ciel pleure avec moi, je pleure et j'entends la pluie qui tombe, j'entends la mer...

Mon homme me manque...

J'entends la musique que l'orchestre joue dans le restaurant à ce moment-là... Une chanson qui ne m'est pas inconnue... Une chanson de Bob Marley : *No Woman, No Cry*...

Au moment, où je me trouve sur cette terrasse, en train de penser à Jean-Pierre, en train de pleurer, il y a cette chanson qui passe... *No Woman, No Cry*... Femme, ne pleure pas...

L'orchestre qui se met à jouer cette chanson exactement à ce moment-là : est-ce par hasard ? Un pur hasard ?

Le hasard, non, je ne crois pas.

Cette chanson, c'est Jean-Pierre qui parle à mon oreille, c'est Jean-Pierre qui me dit : « Nathalie, ne pleure pas... »

— D'accord, Jean-Pierre, je ne pleure pas. Je ne pleure plus. De t'entendre, mon amour, de te savoir près de moi, me redonne de la joie. Tellement de joie.

LE MONDE DES SIGNES

Depuis la mort de Jean-Pierre, je vis donc dans deux mondes : celui dans lequel nous vivons tous, le monde concret des êtres et des objets, et celui que seule l'expérience la plus profonde de la mort d'un être cher nous permet de connaître, le monde des signes.

Un monde très peuplé et très vivant : les signes à travers lesquels les défunts s'adressent à nous sont en effet nombreux et se manifestent sans cesse.

Grâce aux témoignages apportés par les uns et les autres au fil du temps (des personnes qui, comme moi, ne craignent pas d'être accusées de raconter n'importe quoi), il nous est possible de dire que ces signes sont perceptibles par nos cinq sens.

Les défunts nous envoient leurs messages, que ce soit par l'intermédiaire d'un animal ou d'un objet qu'ils nous donnent à voir, un son qu'ils nous donnent à entendre, une odeur, un parfum qu'ils nous donnent à sentir, une saveur qu'ils nous donnent à goûter, ou une sensation à ressentir.

Ainsi, les oiseaux, les papillons, symboles avérés de notre relation avec les cieux, et qui sont toujours porteurs d'un message d'amour, de bonheur.

Ainsi les plumes, dont les couleurs ont chacune leur signification.

Avec une plume blanche, le défunt vous manifeste sa présence, il vous dit qu'il est là, auprès de vous, qu'il vous protège et souhaite vous réconforter.

Lorsque vous voyez une plume blanche, vous pouvez être certain que vous êtes entendu : posez vos questions à votre ange, il vous guidera et cela vous apaisera.

Avec une plume brune, le défunt vous apporte de la sérénité, vous rassure sur votre santé ou celle des autres. Cette plume brune vous annonce des nouvelles rassurantes et un renouveau à venir.

Avec une plume grise, le défunt vous annonce la paix en vous et vous insuffle de l'énergie qui vous aidera, vous protégera dans les moments difficiles.

Avec une plume noire, le défunt vous rassure, vous dit que les choses vont s'arranger. SI vous êtes en train de traverser une période très difficile psychologiquement, soyez tranquille, les anges vont vous mettre sur le chemin de l'apaisement et vous donner le mode d'emploi pour accéder à nouveau au bonheur.

Avec une plume bleue, ou violette, il sera plutôt question de spiritualité, d'une force très puissante qui va venir vous guider dans l'introspection et ainsi vous aider à vous recentrer.

Et si d'aventure le défunt met sur votre chemin une plume d'une couleur plus inattendue, comme le rouge ou le rose, alors là, c'est d'amour qu'il vous parle !

Si vous n'êtes pas prêt pour le rencontrer à nouveau, votre ange va vous aider. Il va vous accompagner dans un processus de reconstruction sentimentale qui ira toucher le cœur d'un proche, y raviver le sentiment amoureux. Sentiment qui peut aussi être en lien avec une naissance, l'arrivée d'un enfant qui, bientôt, va égayer votre vie.

Enfin, si la plume que le défunt a déposée sur votre chemin est de couleur verte, alors c'est que la chance va se présenter à vous, avec, à la clé, une rentrée d'argent, qui sait !

Les plumes peuvent aussi être bicolores…

Brun et blanc : le défunt vous demande d'avoir confiance, le bonheur auquel vous aspirez va bientôt arriver.

Noir et blanc : le défunt vous dit qu'il ne faut pas perdre espoir, vous rappelle qu'il est là, ainsi que vos anges gardiens… De l'au-delà, on veille sur vous…

Autre objet fréquemment utilisé par les défunts pour communiquer avec nous : la pièce de monnaie.

Elle nous indique que des événements vont se produire de manière imminente. Afin que nous puissions mieux y faire face, notre ange gardien veut attirer notre attention sur l'environnement dans lequel nous nous trouvons et sur les gens qui, à cet instant, nous entourent.

Cela, il m'est arrivé encore récemment d'en faire l'expérience…

Me voilà en Auvergne, aux confins de la Corrèze et du Cantal, dans un endroit magnifique. En pleine campagne, planté sur son piton rocheux, entouré d'un lac : le château de Val.

Le site choisi par M6 pour le tournage de la saison 2 de son émission *Les Traîtres*.

Dans ce château, dix-huit personnalités et, parmi elles, comme le titre l'indique, des « traîtres ».

Des traîtres qui doivent éliminer les autres, les « loyaux ».

Bien sûr, comme chacun cache habilement son jeu : qui sont les « traîtres » ? Qui va être éliminé ?... Au fil des épisodes, le suspense reste total...

Dix-huit personnalités, donc, parmi lesquelles, avec moi, la chanteuse Natasha St-Pier, l'homme politique Jean Lassalle, la championne olympique d'escrime et ancienne ministre des Sports Laura Flessel, le chef Norbert Tarayre, l'actrice et réalisatrice Charlotte de Turkheim, et un jeune homme pas encore très connu, mais dont je dirais, en toute objectivité, qu'il mérite de le devenir, car c'est le plus beau, le plus intelligent, le plus...

Son nom ?

— Tom Pernaut.

La maman et son fils pour la première fois réunis dans le même casting !

Une situation à laquelle j'ai peut-être rêvé, et mon rêve s'est réalisé... Grâce à l'intervention de mes anges gardiens, de mes âmes, qui sait... Grâce à Jean-Pierre peut-être bien, qui, de là-haut, doit être très heureux, et amusé, de voir sa femme et son fils vivre ensemble cette aventure télévisuelle…

Ce qui est certain, en tout cas, c'est que ma fille avait vu le premier épisode de cette émission, *Les Traîtres*, sur M6, et avait insisté pour que nous la regardions ensemble.

Avec la complicité qui nous lie, nous avions adoré visionner ce programme, et nous nous étions dit que, s'il y avait une saison 2, cela nous plairait d'y participer…

Un matin de décembre 2022, en parlant, comme je le fais souvent, avec Jean-Pierre, j'évoque, entre autres choses, cette émission. Je lui confie que cela m'amuserait, tiens, d'être sollicitée pour figurer dans la liste des joueurs…

Je vaque ensuite à mes occupations.

Vers 12 h 30, je suis dans la voiture, mon téléphone sonne : c'est M6 qui m'appelle, la production des *Traîtres* ! On me propose de participer à l'émission ! Et, comme un cadeau venu du ciel, ou plutôt de mon mari, on me propose de partager cette aventure avec mon fils !

Et c'est ainsi que, quelques semaines plus tard, je me trouve, en compagnie de Tom et de personnalités, dans ce château dans lequel le séjour de chacun sera plus ou moins long : cela dépendra des « traîtres », du temps qu'il leur faudra pour réussir à éliminer les autres.

Que ce soit le plus tard possible ! C'est ce que j'espère, tant l'ambiance est agréable sur ce tournage...

Arrive le premier, et unique, jour de repos.

Une pause vraiment bienvenue.

La pression que le jeu exerce sur nous est en effet assez forte. Nous sommes dans l'obligation de jouer sans cesse un rôle, de sans cesse mentir (pour la bonne cause, bien sûr : nous jouons pour le bénéfice d'associations), à tel point que je me sens un peu perdue et ressens le besoin viscéral de me retrouver en phase avec moi-même.

Je demande donc à la production de l'émission l'autorisation de me rendre dans l'église du village : elle m'est accordée.

Lorsque je pénètre dans l'église, ma première pensée est pour Jean-Pierre : je culpabilise de m'être éloignée de lui pendant quelques jours et je veux maintenant profiter de la tranquillité du lieu pour passer un moment avec lui...

Mais voilà que la statue d'une sainte attire mon attention, m'invite à me recueillir devant elle. Ce que je fais.

Quelque chose alors m'apparaît dans les yeux de cette statue : un carré de couleur bleue.

Ce n'est pas une apparition fugace : tout au contraire, elle m'indique avec une certaine insistance quelque chose que j'identifie comme étant en relation avec ce que je vis dans le tournage des « Traîtres »...

De retour au château, forte de ce ressenti, je vais voir le producteur de l'émission et, sur le ton de la plaisanterie, lui fais savoir que je suis persuadée d'une chose : parmi les « traîtres », certains ont les yeux bleus...

Professionnalisme oblige, le producteur (qui est dans le secret, bien sûr) ne réagit pas à mes dires.

Le jeu se poursuit...

Quelques jours plus tard, il me donne raison !

Une promenade au bord du lac, en compagnie de Charlotte de Turkheim, qui a des yeux magnifiques, d'un beau bleu perçant, est l'occasion d'une autre intervention de l'au-delà dans ce tournage...

Nous sommes accompagnées de « nounous » chargées de nous surveiller, le règlement faisant que nous avons interdiction de parler du jeu.

Discrètement, je confie à Charlotte, à Charlotte uniquement, l'inquiétude qui ne cesse de grandir en moi : celle d'être bientôt éliminée.

Nous nous promenons, discutons.

Mon regard se promène lui aussi dans le paysage...

Le voilà attiré par quelque chose qui se trouve par terre, parmi des pierres :

— Oh, regarde !

Je me baisse et ramasse, quoi ?

— Une pièce de monnaie.

Charlotte est étonnée. Manifestement, elle ne comprend pas que je lui montre cette pièce de 50 centimes comme s'il s'agissait d'un louis d'or.

Je lui explique que trouver, comme ça, sur son chemin, une pièce de monnaie est un signe que nous envoie un défunt.

— Ah bon ? réagit Charlotte avec un affectueux sourire.

— Un signe, oui... C'est Jean-Pierre, l'âme de Jean-Pierre qui me l'envoie, pour me dire que je ne dois pas m'inquiéter, que j'ai la chance de mon côté, ce n'est pas demain que je vais être éliminée...

Reprenant notre promenade, j'en dis un peu plus à Charlotte au sujet de l'au-delà et des signes. Je lui parle des oiseaux, des plumes...

— Si je comprends bien, me dit Charlotte, après la pièce de monnaie, si, dans ce beau paysage de campagne, tu trouves une plume par terre, ou si tu vois un oiseau : pour toi, ça sera des signes que t'envoie Jean-Pierre ?

— Oui, Charlotte.

Quelques minutes plus tard, Charlotte a la surprise de me voir ramasser une plume, une grande plume blanche…

Tout le long du jeu, je n'ai eu de cesse de conserver sur moi cette pièce et cette plume qui m'ont aidée à nous protéger, Tom et moi.

Ceux qui ont vu l'émission ont pu constater qu'elles ont effectivement été un grand soutien.

Et puis ils ont vu que Charlotte était une « traître », ma très chère Charlotte aux yeux d'azur…

Dans l'église, en déposant sur les yeux de la statue ce carré de couleur bleue, Jean-Pierre avait bien ouvert les miens !

Cela dit, j'aurais dû creuser plus son message, car, et rien ne me laissait alors le soupçonner, il y avait un autre « traître », en l'occurrence le chef Norbert Tarayre qui, avec son regard perçant, a ingénieusement réussi à me berner !

Comme quoi : on ne creuse jamais assez les messages que l'on reçoit de l'au-delà…

L'HEURE MIROIR, 21 H 21

La planète sur laquelle nous vivons est le royaume du temps. Secondes, minutes, heures, jours, semaines, mois, années y mesurent nos vies, les chronomètrent, parfois les retiennent, comme des menottes, des chaînes.

En mourant, on se libère de ces attaches : l'au-delà est le royaume de l'éternité.

Ses habitants, nos âmes, se servent de leurs anciens liens pour nous faire signe…

En novembre 2022, je participe à une émission qui me tient particulièrement à cœur : « Tout le monde chante contre le cancer », le gala de Noël de « Tout le monde contre le cancer », association dont je me sens très proche et à laquelle je suis toujours heureuse et fière d'apporter mon soutien.

Fondée en 2005, présente dans 170 hôpitaux et maisons de parents, forte de ses 350 bénévoles unis par la conviction que « tant qu'il y a de la joie, il y a de la vie ! », elle réalise chaque année plus d'un millier d'actions afin d'accompagner les patients et leur famille, ainsi que le personnel soignant, dans leur combat contre le cancer.

C'est au Dôme de Paris qu'a lieu l'enregistrement de ce gala qui sera ensuite diffusé sur W9 dans l'émission « Tout le monde chante : Les stars relèvent le défi ».

Au programme, la mise en lumière des actions menées par l'association durant l'année, avec les témoignages de celles et ceux qui les ont vécues : patients, bénévoles, soignants. Et donc des « stars qui relèvent le défi »...

Pour moi, il est de taille.

Moi qui chante comme une casserole, à côté d'artistes comme M. Pokora, Chimène Badi, Jenifer, Claudio Capéo, Christophe Willem, je vais devoir chanter !

En l'occurrence en duo avec Elsa Esnoult, sur sa chanson *Quand je suis avec toi*, dont les paroles me touchent beaucoup : l'épreuve d'avoir à les chanter, du coup, est plus difficile encore...

Ton amour me donne la preuve
Qu'on peut surmonter les épreuves
J'assume tout ce que je suis

Tous mes désirs, toutes mes envies
Je n'ai plus froid, je n'ai plus peur
J'ai mis un visage au bonheur
C'est le tien lorsque tu me souris
Toi qui as changé toute ma vie

Je suis prête à me battre
Je suis prête à combattre
Tout ce qui me détruit
Et je crois en la vie
Quand je suis avec toi
Je suis prête à briser
Les liens qui m'enchaînaient
Les terreurs du passé
Quand je suis avec toi

Je ne serai plus celle
Qu'on prenait en pitié
Et tu me rends plus belle
Quand je suis avec toi

J'ai vaincu les démons
Qui se jouaient de moi
Et je vis ma passion
Quand je suis avec toi
Quand je suis avec toi

Quand je suis avec toi
Reste toujours près de moi...

Nous voici sur le tapis rouge pour ce qu'on appelle le « photocall », le passage devant les photographes venus couvrir l'événement.

Je suis avec Élodie Gossuin, mon amie, également amie de Jean-Pierre (miss France 2001, mais aussi, l'année précédente, miss Picardie, région si chère au cœur de mon époux !).

Le temps du shooting, je confie mon téléphone à une bénévole de l'association.

Les photos faites, je reprends mon téléphone : que vois-je ?

En fond d'écran, à la place des enfants, à la place de cette adorable image de Lou et Tom enfants (photo que j'ai affichée depuis près de dix ans sur tous mes appareils) : Jean-Pierre !

Une photo de Jean-Pierre souriant, posant à côté de son bougainvillier préféré, cliché que j'avais pris lors de notre escapade dans le Sud, avant son entrée à l'hôpital...

En fond d'écran, donc, cette photo, et affichée dessus, cette heure, cette heure précise : 21 h 21.

Je suis sous le choc : comment cette image a-t-elle pu apparaître sans que personne intervienne – enfin, personne...

Cette photo et cette heure, 21 h 21 : ce qu'on appelle, en numérologie, une « heure miroir »...

De 00 h 00 à 23 h 23, les vingt-quatre « heures miroir » que compte une journée sont autant de moments d'intense vibration entre nous et l'au-delà : à ces instants précis (chacun ne dure pas plus d'une minute !), nous recevons de l'au-delà, royaume de nos anges gardiens, de nos guides, de nos âmes, des messages qui ont chacun leur signification...

00 H 00

L'au-delà nous invite, avec force, à être moins matérialistes et à accorder plus de place dans nos vies à la spiritualité.

01 H 01

L'au-delà nous demande d'avoir confiance et de faire confiance. En même temps, il nous transmet, la force qui nous permettra de réussir dans ce que nous entreprenons.

02 H 02

L'au-delà nous incite à lever le pied, à prendre du temps, pour la réflexion, pour nos proches. Il nous invite à la patience, et à la prudence.

03H03

L'au-delà nous recommande d'être plus attentifs à nos sentiments, et au plus important d'entre eux : l'amour. Il nous invite à nous montrer plus soucieux des autres, plus compréhensifs à leur égard. Concernant l'amour, il nous suggère, très vivement, d'en faire une priorité.

04H04

L'au-delà met l'accent sur les valeurs qui doivent nous permettre d'avoir une vie plus stable, plus équilibrée.

05H05

L'au-delà nous rappelle nos qualités, notre potentiel de réussite ; pour ne pas le gâcher, il nous conseille de ne pas agir de manière impulsive, de préférer le calme et la patience à la précipitation, de prendre le temps de la réflexion.

06H06

L'au-delà nous avertit : notre corps et notre esprit sont fatigués, il faut leur accorder un peu de repos. La pause est indispensable, pour mieux repartir !

07H07

L'au-delà nous demande de trouver un meilleur équilibre entre notre vie rationnelle et notre vie spirituelle. Ne pas favoriser l'une au détriment de l'autre. En d'autres mots : être capables d'avoir la tête dans les étoiles tout en gardant les pieds sur terre.

08H08

L'au-delà nous rassure sur la qualité de nos intuitions, nos capacités de réflexion, de jugement et de prise de décision, sur le courage dont nous pouvons faire preuve lorsqu'il le faut.

09H09

L'au-delà nous invite à aimer plus encore. Aimer les autres, être envers eux toujours plus généreux, plus tolérants. Cette démarche d'empathie, en nous permettant d'avoir une meilleure image de soi, nous permettra de mieux avancer dans la vie.

10H10

L'au-delà nous délivre un message d'optimisme, il nous dit de po-si-ti-ver !

11H11

L'au-delà nous stimule. Un vrai coach : si l'on manquait de motivation, nous voilà requinqués !

12H12

L'au-delà nous rappelle ce que c'est qu'une vie bonne : toujours maintenir l'harmonie entre soi et les autres ; se réaliser dans le respect de soi et d'autrui.

13H13

Comme une alarme qui retentit : l'au-delà nous demande de nous remettre en cause, nous invite à opérer des changements dans notre vie.

14H14

L'au-delà nous indique que nous manquons actuellement de concentration, que nous sommes en train de nous disperser, et que cela nous porte préjudice : il faut nous reprendre, revoir sérieusement notre organisation.

15H15

L'au-delà trouve que nous sommes un peu trop durs, un peu trop critiques avec nous-mêmes. Il nous invite à un peu plus de douceur, un peu plus d'indulgence : avec nous-mêmes comme avec notre entourage.

16H16

L'au-delà a remarqué que nos émotions, parfois, nous submergent, ce qui nous empêche d'avoir les bonnes attitudes, de prendre les bonnes décisions : il nous invite à essayer de mieux les contrôler.

17H17

La loyauté, la confiance, le respect : l'au-delà nous rappelle que ces trois valeurs doivent toujours se trouver au centre de nos vies.

18H18

L'au-delà nous recommande de ne pas nous accrocher, de ne pas insister : lâcher prise, tourner la page, faire le deuil, ce sont des gestes, des démarches qui peuvent nous permettre d'avancer.

19H19

L'au-delà nous demande d'arrêter de nous focaliser sur nos faiblesses, de mieux prendre la mesure des qualités qui sont les nôtres : bref, de reprendre confiance.

20H20

La fidélité, l'honnêteté : l'au-delà remet ces deux qualités au centre de nos vies.

22H22

L'au-delà nous parle de notre relation aux autres. Il nous rappelle que nous ne nous construisons pas sans eux, que, pour avancer, il faut être sensible à leurs besoins autant qu'aux nôtres. Une vie réussie réside dans cette harmonie.

23H23

L'au-delà pense que nous avons un peu trop négligé nos proches, nos amis, ces temps derniers. Il nous invite à mieux entretenir, mieux soigner ces relations qui sont tellement importantes pour notre équilibre, notre bonheur.

... Et puis, donc, il y a, sur mon téléphone et sur la photo de Jean-Pierre venue, en fond d'écran, remplacer celle des enfants, cette heure miroir, 21 h 21...

21H21

L'au-delà voit les obstacles qui se trouvent sur notre chemin. Il nous rassure : nous allons les surmonter. L'au-delà nous donne l'énergie nécessaire pour y arriver.

Le regard rivé sur cette photo de Jean-Pierre, cette heure miroir, tout excitée, j'appelle Muriel, qui me rejoint. Devant Élodie et Elsa, je lui demande :

— Peux-tu préciser quelle est la photo d'accueil et de fond d'écran de mon téléphone ?

— C'est celle des enfants, pourquoi ?

Je montre à Muriel, à Élodie et à Elsa la capture d'écran de mon téléphone que je viens de faire. Ce n'est plus celle des enfants, mais le visage de Jean-Pierre, son regard pétillant, son doux sourire, et cette heure, 21 h 21…

Nous sommes bouleversées.

Après ce moment suspendu, tellement intense, nous rejoignons les coulisses.

Dans l'agitation qui y règne, auprès d'Elsa, je me concentre sur le défi que j'ai maintenant à relever.

Pour apporter mon soutien à l'association « Tout le monde contre le cancer ».

À 21 h 21, Jean-Pierre est venu me rappeler la valeur d'une telle démarche pour autrui.

Mon tour d'aller sur scène, dans la lumière, devant le public et les caméras, arrive.

Je chante *Quand je suis avec toi.*

À la fin de la chanson, j'envoie un baiser vers le ciel, à destination de l'homme « *qui m'a rendue plus belle* ».

FACE À L'INVISIBLE

Vivre avec l'invisible n'est pas toujours facile.

Cela demande une certaine pratique.

Au début, c'est un peu la panique.

La première fois où l'on se rend compte qu'on a fait un rêve prémonitoire.

La première fois où l'on reçoit des signes.

La première fois où on entend la voix d'un être cher disparu, où l'on sent son parfum (moi qui, depuis une dizaine d'années, souffre d'une sévère perte d'odorat, il m'arrive, à la maison, dans la voiture, à l'extérieur, d'avoir la joie de sentir le parfum de Jean-Pierre).

La première fois où l'on se trouve en présence d'un objet qui semble être porteur d'un message, d'un objet qui semble être là, oui, pour nous dire quelque chose.

La première fois où l'on vit une situation totalement inattendue, inexplicable, dont on a la sensation, très forte, qu'il s'agit d'un signe qui nous a été envoyé de loin, très loin, de l'au-delà...

Chacune de ces « premières fois » nous met dans un drôle d'état.

On ne comprend pas ce qui nous arrive.

On s'inquiète et on essaie de se rassurer : ce n'était qu'une coïncidence, une pure coïncidence, le hasard, il ne faut pas surinterpréter…

Ce n'était qu'une hallucination. Cela arrive à tout le monde, d'halluciner…

On pense à ces gens, un peu bizarres, qui racontent qu'ils communiquent avec les morts, qui parlent de certains objets en présence desquels ils se sont retrouvés, de certaines situations qu'ils ont vécues, comme de signes qui leur ont été envoyés de là-haut, de l'au-delà, par une âme, un guide, un ange gardien…

On se demande si on ne serait pas, nous aussi, comme ces gens-là, « un peu bizarres ».

Comme si on avait fait quelque chose de mal, commis quelque chose d'inavouable, de peur des réactions que cela pourrait provoquer (de l'incompréhension, de l'ironie, de la dérision, de la moquerie, des sarcasmes, un jugement), on ne parle à personne de ces phénomènes étranges qui nous arrivent.

À qui en parler, d'ailleurs ? Et comment, avec quels mots ? C'est tellement irréel.

Bref, rien de simple.

On se retrouve seul face à cet invisible, ces signes, qui, jour après jour, nuit après nuit, deviennent de plus en plus présents dans nos vies.

Tout ce qu'on a appris, depuis notre naissance, c'est à vivre dans le monde tel qu'il est, c'est-à-dire le monde des vivants.

Vivre avec les morts, ça, on ne nous l'apprend pas.

Les morts, on les a enterrés ou incinérés, ils sont dans les cimetières, dans leurs tombes ou leurs urnes funéraires : aux vivants, il reste à entretenir leur mémoire, comme ils le veulent, comme ils le peuvent. Ils n'ont qu'à se débrouiller avec leurs souvenirs...

Avec les morts, la relation devrait s'arrêter là.

Mais non, ce n'est pas comme ça que ça se passe !

Si les morts, dans les cimetières, sont bien morts et enterrés, leurs âmes, elles, là-haut, sont bien vivantes !

Elles sont vivantes et, à travers les signes qu'elles nous envoient, les messages qu'elles nous adressent, elles veillent sur nous, les vivants, elles nous guident, elles nous protègent : vraiment, elles vivent avec nous !

Tant qu'on n'en a pas fait l'expérience, cette vérité, bien sûr, je le comprends, peut être difficile à entendre, à accepter.

Et donc, elle est difficile à partager...

Comment parler, par exemple, de ce rêve prémonitoire ?

Je suis sur une plage, jc regarde la mer...

Je suis sur une plage, pas n'importe laquelle, celle de Pramousquier, le lieu de toutes nos vacances en famille, avec nos amis, lieu de ces moments heureux où régulièrement j'aime revenir...

Je suis sur cette plage, je regarde la mer et, soudain, je vois une vague arriver, une vague immense, comme celle d'un tsunami. La vague arrive très vite, roule vers moi avec une puissance effrayante. Je prends mes jambes à mon cou, je me sauve, je cours, avec toute la force du désespoir, j'arrache mes pieds qui s'enfoncent dans le sable, je cours, je cours à perdre haleine, et la vague immense se rapproche, monstrueuse, furieuse, je cours, je cours, mais la vague est là, la vague va m'engloutir, je suis perdue, je m'inquiète de savoir où sont mes amis, je me retrouve seule, je n'ai plus de force, je tombe...

Le réveil, ce dimanche matin, est assez difficile, car ce cauchemar m'a terriblement affectée.

Quelques heures plus tard, je m'empresse de le raconter à la mère de mon amie Céline Franoux que je viens de rejoindre dans un salon de la voyance qui a lieu dans le Sud-Ouest. Je lui dis :

— Je suis certaine que, dans la semaine, un drame va arriver, qui va frapper l'un de mes amis de vacances.

De retour à Paris, le lendemain, j'apprends une affreuse nouvelle : la mort subite d'un ami très proche (que j'ai connu adolescente) et que Jean-Pierre appréciait énormément.

Régulièrement, sa femme et lui allaient se reposer sur la plage de Pramousquier, et, avec Jean-Pierre, il nous est très souvent arrivé d'y être avec eux…

Quelques jours auparavant, le 8 avril, justement, j'ai reçu d'eux une photo de vacances : ils sont sur la plage, ils regardent la mer… En ce jour de l'anniversaire de Jean-Pierre, c'était leur façon de me rappeler nos bons souvenirs communs.

Y a-t-il un lien entre cette photo et mon rêve, mon cauchemar ?

Je pense que oui. Cette vague qui m'a tellement terrifiée est pour moi celle de la mort qui a emporté notre ami.

J'en suis tout à fait certaine.

Faisant ce cauchemar, ce qui s'est passé est très simple.

Mon âme a rejoint l'âme de Jean-Pierre.

L'âme de Jean-Pierre a annoncé à mon âme la venue prochaine, auprès d'elle, de l'âme de notre ami.

Ces prémonitions, ces rêves annonciateurs de mauvaises nouvelles, nous mettent dans des situations toujours pénibles, mais des situations qui, finalement, nous préparent à appréhender le pire.

Les médiums, qui ont mis leur don de communiquer avec les âmes, les esprits, au service des autres, peuvent nous aider à mieux les accepter.

J'aime aller les voir, les consulter.

Cela m'intéresse de leur parler de mes rêves prémonitoires, et des échanges que j'ai avec mes âmes, mes guides, mes anges gardiens : des interrogations et des doutes que ces expériences peuvent faire naître en moi.

Les médiums ont une pratique et une connaissance beaucoup plus profonde et structurée que les miennes.

Auprès d'eux, je suis certaine d'apprendre quelque chose, de trouver des lumières, une clarté...

La confirmation de la validité, de l'authenticité de mes propres expériences.

Ces derniers temps, j'ai consulté Céline Franoux, médium de grande renommée qui consacre son don à transmettre les messages des « envolés » (elle préfère ce mot à celui de « défunts ») à celles et ceux qui n'ont pas cette capacité de communication avec l'au-delà.

Céline est entrée en contact avec Jean-Pierre, avec son âme.

Ce qu'elle commence à me dire, c'est qu'elle a toujours beaucoup de plaisir à communiquer avec cette âme qui est vraiment très sympathique : je reconnais bien là mon Jean-Pierre...

L'âme de Jean-Pierre lui a dit les mêmes choses qu'à moi et, lorsque Céline me les rapporte, elles prennent plus de force encore : Jean-Pierre aime beaucoup notre nouvelle maison ; Jean-Pierre est fier de tout ce que j'ai fait pour que nous y soyons bien avec les enfants ; il est fier de la manière avec laquelle, depuis ce 2 mars où il s'est envolé, nous continuons, malgré le chagrin, de vivre, d'avancer.

Chaque fois, oui, il n'y a aucun doute à avoir : Céline me parle de mon Jean-Pierre, pas d'un autre !

Ainsi, lorsqu'elle me rapporte que Jean-Pierre demande où sont ses lunettes, qu'il est un peu agacé de ne pas les voir à leur place habituelle...

C'est exact, elles n'y sont pas : ces lunettes que Jean-Pierre avait l'habitude de laisser sur son bureau, il m'est venu l'idée de les ranger dans ma boîte à bijoux !

Ainsi, lorsque Céline me dit que Jean-Pierre me transmet le bonjour et les remerciements de Michèle...

Michèle : cette dame s'occupait de notre appartement de Cavalière. Elle est tombée malade, puis elle est morte. Il y a quelques jours, j'étais auprès de son mari, tentant de le consoler et de le soutenir du mieux que je le pouvais...

Céline me dit encore :

— Jean-Pierre me dit que tu vas te lancer dans l'écriture d'un nouveau livre, dans lequel tu parleras des signes qu'il t'envoie.

... Ce livre, vous êtes en train de le lire : je n'imaginais pas me remettre aussi vite à l'écriture.

Avant que notre conversation ne se termine, Céline ajoute :

— Je vois aussi un papillon, et Jean-Pierre m'a confié qu'il allait bientôt te faire une petite visite…

Après quoi, nous nous disons au revoir, je raccroche.

Je me trouve à cet instant dans l'appartement de Muriel, situé au deuxième étage de ma maison. Nous sommes dans le salon, devant son ordinateur.

Voilà que la souris se bloque.

Tandis que Muriel cherche à résoudre cette panne, je relève la tête : mon regard est alors attiré par quelque chose qui bouge de l'autre côté de la fenêtre, à l'extérieur. Je me rapproche, et qu'est-ce que je vois ?

— Un papillon !

C'est fin octobre, début novembre : un papillon !

Un joli papillon qui volette devant la fenêtre, que je regarde, contemple, un peu émerveillée, et bientôt, c'est comme un jeu que nous jouons, lui et moi. Je me déplace dans la maison, de fenêtre en fenêtre, et il me suit : chaque fois, il est là, au rez-de-chaussée, à l'étage, devant la chambre des enfants, voletant devant moi !

Ce moment est tellement incroyable : je me surprends à dire : « Jean-Pierre, s'il te plaît, pose-toi pour que je puisse filmer. »

Je n'ai pas rêvé, par un après-midi d'automne un peu gris, un joli papillon, c'est vrai, est venu me rendre visite…

Une seconde, il va même jusqu'à frôler mon visage, avant de reprendre son vol, d'un battement d'ailes, si doux, si léger…

Ma médium, Céline, a vu juste : Jean-Pierre, joli papillon, est venu me rendre visite, une charmante, une adorable visite.

MON RENDEZ-VOUS AVEC JEAN-PIERRE, CHEZ LE MÉDIUM

Et puis le hasard, qui est lui aussi un grand acteur de nos vies, m'a amenée à rencontrer l'un des médiums français les plus réputés…

Membre du jury du « prix du livre du Salon zen 2022 », je lis *Nourritures célestes,* autobiographie d'Alain Cojean, entrepreneur connu pour être le fondateur d'une chaîne de restauration rapide pas comme les autres puisque fondée sur la qualité des produits (bio, issus d'une agriculture responsable et durable) et du service, ainsi que sur une éthique que résume parfaitement le nom de la fondation qui lui est attachée : « Nourrir aimer donner ».

Alain Cojean fait le récit d'une vie qui a su progressivement s'ouvrir à la spiritualité et se mettre en communication avec l'au-delà.

Lorsque, en 2013, l'auteur a la douleur de perdre sa mère, sa relation avec les médiums s'intensifie. Avec leur aide, Alain Cojean apprend à mieux saisir les signes que lui envoie l'âme de sa maman, il apprend à communiquer avec cet être qui a tellement compté dans sa vie et auquel le lie un amour infini.

Dans les lignes qu'il consacre à cette expérience, une figure me touche particulièrement, celle d'Henry Vignaud. Si je connaissais de nom ce médium, et son excellente réputation, le témoignage d'Alain Cojean me révèle, de manière bouleversante, et très concrètement, la qualité de son travail d'accompagnement des personnes dans leurs démarches de communication avec les âmes des êtres chers disparus, avec l'au-delà.

Je n'ai dès lors de cesse de pouvoir le consulter.

Ce qui s'annonce difficile à bref délai. L'agenda d'Henry Vignaud est en effet extrêmement chargé, me dit-on, pas de rendez-vous possible avant plusieurs mois, un an, voire deux.

Un peu dépitée, je me fais une raison : j'attendrai...

Mais voilà que la chance me sourit !

Un désistement a libéré un créneau : on me propose un rendez-vous en mai, soit quatorze mois après la mort de Jean-Pierre…

Quatorze mois au cours desquels nous ne nous sommes jamais quittés : pas un jour, ou presque, sans que l'âme de Jean-Pierre me manifeste sa présence, pas un jour, ou presque, sans que, l'âme de Jean-Pierre et moi, nous soyons en contact, nous échangions.

Quatorze mois qui m'ont amenée à vivre comme jamais encore je n'avais vécu : c'est-à-dire en relation constante avec l'au-delà.

Quatorze mois qui, de ce fait, ont fait évoluer en profondeur ma façon d'être au monde.

Ce que j'ai vécu là est à la fois si puissant et si troublant que j'ai besoin de le partager avec quelqu'un, quelqu'un qui aura toutes les connaissances, tout le savoir-faire nécessaires pour disperser les confusions que tout cela a pu générer en moi et, qui sait, me permettre de voir ma nouvelle vie avec l'au-delà sous un jour encore plus tranquille…

C'est dans cet état d'esprit, en tout cas, que je me prépare à ce rendez-vous avec Jean-Pierre.

— Avec Jean Pierre ?!

— Pardon, avec Henry Vignaud, je voulais dire…

Les jours qui ont précédé ce rendez-vous tellement espéré, chaque fois, c'en était comique, au lieu de « mon rendez-vous avec Henry Vignaud » je disais « mon rendez-vous avec Jean-Pierre »... C'en était comique, mais, je vais m'en rendre compte, pas totalement faux...

Le jour dit, j'arrive au cabinet du célèbre médium avec, conformément à ce qu'on m'a demandé, une photo de Jean-Pierre. Une photo dont je ne saurais dire pourquoi c'est celle-ci que j'ai choisie plutôt qu'une autre... Photo grand format, de Jean-Pierre habillé en « Jean-Pierre Pernaut » (costume-cravate de couleur bleue), de Jean-Pierre avec son regard brillant, et son beau, son doux sourire...

Henry Vignaud me reçoit.

D'emblée, il me met à l'aise, m'invite à m'asseoir avec lui à une table et à y déposer la photo que j'ai apportée.

La séance peut commencer.

Henry Vignaud pose sa main sur la photo, et très précisément sur le visage de Jean-Pierre. Il ferme les yeux...

Quelques secondes de silence, au cours desquelles le fluide du médium commence à agir, conduisant celui-ci à la rencontre de l'âme du défunt : c'est ce qui est en train de se passer, je le sais...

Je le sais et pourtant mon cœur bat, comme si c'était la première fois que j'assistais à ce genre de séance « sur photo » : je suis à la fois impatiente et inquiète de ce qui va advenir.

Ce qui advient, en voici l'exacte transcription…

Henry Vignaud commence par me parler de la personne avec laquelle il est en train de faire connaissance.

Il me dit :

— Cet homme est un faux calme. Mais il n'est jamais méchant. Lorsqu'il est contrarié, plutôt que de manifester son énervement, ou sa mauvaise humeur, il préfère s'isoler : il va se réfugier dans son bureau… Cet homme est un romantique, je le vois offrir des fleurs à la femme qu'il aime, répandre à son intention des pétales de roses dans le bain, sur le lit…

L'homme qu'Henry Vignaud est en train de décrire, je le reconnais bien, c'est Jean-Pierre, mon Jean-Pierre, c'est lui, nul autre que lui !

Et, de Jean-Pierre, de son âme, maintenant que son fluide est parfaitement actif, Henry Vignaud reçoit des images et des sons, des paroles : comme des séquences de films…

— Je vois votre mari croquer une pomme. Je l'entends dire : « Nathalie, ma chérie, cette pomme, c'est nous : tu es ma moitié. »

— Votre mari dit : « Je suis désolé, Nathalie, de n'avoir pas préparé mon départ aussi bien qu'il aurait fallu. Tu t'es retrouvée toute seule avec tout un tas de choses à régler. Mais, de là où je suis désormais, j'ai tâché d'être à tes côtés, et je serai toujours là pour t'aider, tu le sais… »

— Votre mari dit : « Ça n'a pas été facile, nous deux, au début… Je me souviens de certaines réactions, dans nos entourages et dans le public… Tout le monde ne voyait pas notre relation avec bienveillance… Il y en avait pour pointer du doigt notre différence d'âge, me voir sous l'emprise du démon de midi… Un journaliste de cinquante et un ans avec une miss de trente-quatre… À mon sujet, on parlait d'une tocade… Te concernant, on mettait en doute la sincérité de tes intentions… Bref, on nous jugeait et le verdict était entendu : "Ça ne va pas durer"… Ces rabat-joie nous faisaient bien rire… Nous les avons superbement ignorés… Une seule chose comptait, notre amour, cette histoire merveilleuse qui ne faisait que commencer, et dont nous voulions de toutes nos forces, de tout cœur, qu'elle rime avec toujours… »

— Votre mari dit que le mois de juin a été l'un des plus beaux moments de sa vie…

Confirmation supplémentaire qu'Henry Vignaud est bien en communication avec l'âme de Jean-Pierre : c'est au mois de juin, le 23, que nous nous sommes mariés.

Cette date est bien sûr très précieuse pour nous deux, mais peut-être pour Jean-Pierre l'était-elle plus encore… Régulièrement, il lui prenait l'envie de regarder les photos et la vidéo de ce beau jour… Il pouvait rester très longtemps devant ces images, le regard comme dans une rêverie…

Henry Vignaud continue de me rapporter ce qu'il voit, ce qu'il entend, venu de l'au-delà.

Chaque fois, c'est la voix de Jean-Pierre que j'entends, un moment marquant de notre vie que je retrouve, ou bien une simple anecdote…

Ainsi, cette image d'une personne coincée à la place du conducteur, dans une voiture accidentée, mais la personne n'est pas blessée…

C'est, je pense, l'accident de voiture que Tom a eu lorsqu'il n'était encore qu'un tout jeune conducteur, au volant d'une voiture sans permis. Un accident sans la moindre gravité, mais qui nous a causé beaucoup de peur, c'est sûr !

Ainsi, cette image d'un cendrier plein de mégots de cigarettes sans filtre...

Jean-Pierre, avant notre rencontre, fumait des cigarettes sans filtre.

Ainsi, cette image de poussins...

La blague que Jean-Pierre m'a faite l'année où j'ai participé à *La Ferme Célébrités*, c'était en 2005... Amusé de me voir tellement à l'aise avec les animaux de la ferme, et particulièrement avec les poules et leurs poussins, pour mon retour à la maison, il n'a pas trouvé mieux que d'installer dans notre jardin, quoi ? Un poulailler ! Un vrai petit poulailler, avec des poules et des poussins... Inutile de vous dire que le projet de faire cohabiter les gentils gallinacés avec nos solides bergers allemands a rapidement été annulé ! Le poulailler a changé de fonction : il a finalement servi d'abri pour les jouets de piscine des enfants !

Ainsi, cette image de Jean-Pierre montrant avec ses doigts le chiffre 8...

Le 8 de son jour de naissance, le 8 du jour où l'on s'est rencontrés...

Et puis Henry Vignaud me dit que l'âme de Jean-Pierre lui parle d'un cambriolage, d'une alliance...

C'est le cambriolage dont nous avons été victimes à Louveciennes, et le vol d'un objet auquel je tenais tant : l'alliance de ma grand-mère Geneviève.

Et l'âme de Jean-Pierre évoque l'Amérique, un père et son fils...

C'est le voyage aux États-Unis que Jean-Pierre a fait avec son fils Olivier, lorsque celui-ci était adolescent, un souvenir impérissable dont il parlait souvent.

L'âme de Jean-Pierre dit encore à Henry Vignaud : « Je ne supporte pas quand elle part... »

C'est bien sûr de moi que Jean-Pierre parle. Quand, pour mon travail, je devais m'absenter quelques jours, il râlait. Oh, pas devant moi ! Moi, il me disait toujours : « Bravo, ma chérie ! » Il m'encourageait, se montrait toujours ravi de me voir mener mes activités... En revanche, quand j'étais partie, alors il devenait ronchon et n'arrêtait pas de se plaindre de mon absence auprès des enfants ou de Muriel.

Et voilà qu'Henry Vignaud me dit voir un piano et me demande :

— Qui joue du piano ?

Je réponds :

— Les enfants, Lou et Tom.

Henry Vignaud poursuit :

— L'âme de Jean-Pierre dit qu'ils n'en jouent plus très souvent, et que c'est dommage…

Voilà à présent que l'âme de Jean-Pierre parle à Henry Vignaud d'un stylo-plume. Elle lui dit : « Il faut le retrouver… »

Il s'agit du stylo-plume de Jean-Pierre, qui est resté sur son bureau. J'ai déjà pensé l'utiliser, et puis je n'ai pas osé. Je comprends que Jean-Pierre me dit de le faire.

L'âme de Jean-Pierre en vient à évoquer des vêtements. Henry Vignaud me rapporte cette parole : « Nathalie dort avec… »

Ce sont deux t-shirts de Jean-Pierre, que je n'ai pas lavés, qu'il m'arrive, certains soirs, d'avoir besoin de serrer contre moi pour dormir.

Et Henry Vignaud entend : « Elle va trop souvent au cimetière… »

Les morts, et Jean-Pierre ne fait pas exception, n'aiment pas trop ce genre de visite, je le sais. Je le sais et le comprends, car quoi, ne se trouvent là, dans ces tombes, que leurs poussières, tandis que leurs âmes, elles, sont bien vivantes et nous envoient des signes quand elles le veulent, partout où nous nous trouvons, et à tout moment…

L'âme de Jean-Pierre envoie maintenant à Henry Vignaud des images de papillons...

Les papillons : les signes que je reçois de Jean-Pierre, peut-être le plus souvent...

L'âme de Jean-Pierre dit encore à Henry Vignaud : « Nathalie a mis mes costumes à la cave... »

C'est vrai, j'ai descendu les costumes de Jean-Pierre, soigneusement placés dans des housses, à la cave. Ils sont là, rangés dans une armoire...

Alors, est-ce un reproche que Jean-Pierre me fait ?

Non, car l'âme de Jean-Pierre ajoute : « Nathalie fait comme elle l'entend. J'aime comme elle a arrangé la maison, on s'y sent bien... Lorsque nous l'avons visitée, cette maison lui a tout de suite beaucoup plu... Je suis heureux que nous ayons pu l'acheter, et que Nathalie l'habite maintenant... On s'y sent bien, mais je trouve qu'il y manque un peu de vie. Nathalie devrait inviter des amis plus souvent... »

C'est vrai, depuis que Jean-Pierre est parti, je n'ai plus la même vie sociale, je me suis peut-être un peu repliée sur moi-même, dans une sorte de cocon où je ne suis pas seule : l'âme de Jean-Pierre vient s'y blottir contre moi.

L'âme de Jean-Pierre exprime à Henry Vignaud son inquiétude concernant la santé d'un membre de la famille...

Il s'agit de mon père, avec qui Jean-Pierre est allé se faire vacciner contre le Covid-19, au moment de la troisième dose. Mon père souffre aujourd'hui d'un zona qui s'est déclaré juste après qu'il a reçu l'injection.

L'âme de Jean-Pierre montre à Henry Vignaud la lettre F, lui dit que c'est là l'initiale du prénom d'une âme qu'elle a eu la joie de retrouver dans l'au-delà...

F comme Françoise, le prénom de la maman de Jean-Pierre.

L'âme de Jean-Pierre annonce à Henry Vignaud que je vais, dans les mois à venir, avoir un nouveau domaine d'activité...

Avec beaucoup de curiosité, bien sûr, je demande lequel.

L'âme de Jean-Pierre fait un peu durer le suspense (à nouveau, je reconnais bien là le caractère joueur de Jean-Pierre), et, après quelques secondes, par la voix posée d'Henry Vignaud, j'entends : « La radio. »

Ayant sans doute ressenti ma surprise, et les craintes, les doutes, pour tout dire le manque de confiance, que cette annonce éveille déjà en moi, l'âme de Jean-Pierre ajoute : « À la radio, Nathalie sera comme un poisson dans l'eau. »

Henry Vignaud entend : « Une vie à deux. Une vie à deux. Une vie à deux. » Ces mots répétés par l'âme de Jean-Pierre comme un mantra.

L'âme de Jean-Pierre évoque les derniers moments de la vie sur Terre de Jean-Pierre.

Elle dit à Henry Vignaud : « Lorsque Jean-Pierre a quitté la maison, dans l'ambulance qui le conduisait à l'hôpital, alors il a su qu'il allait mourir. »

Elle dit encore : « Quand Nathalie venait à l'hôpital, quand elle entrait dans la chambre de Jean-Pierre, elle venait toujours sur la gauche du lit. »

Et puis : « Jean-Pierre était endormi, mais les mots que Nathalie lui disait, les chansons qu'elle lui chantait, il les entendait. »

« Tous ces jours que Jean-Pierre a passés à l'hôpital, Nathalie les a passés avec lui, l'accompagnant dans ses souffrances en le caressant, lui parlant, lui tenant la main, en lui apportant le réconfort et la force de son amour, jusqu'au dernier instant…

Le premier signe que je lui ai envoyé, après la mort de Jean-Pierre, Nathalie l'a tout de suite identifié : en sortant de l'hôpital, pour la première fois depuis le temps qu'elle passait à cet endroit, elle a remarqué la tour Eiffel éclairée… Cela m'a fait plaisir…

Pour tout cela, pour tout ce que Nathalie a fait durant ce temps si douloureux de la mort de son mari, l'amour de sa vie, moi, l'âme de Jean-Pierre, je lui dis que je suis fière d'elle, je lui dis merci. »

Aussi, l'âme de Jean-Pierre s'excuse d'avoir peut-être été un peu absente ces derniers temps, de se faire un peu désirer… Je ne dois pas m'inquiéter, les signes vont revenir avec plus de régularité, et certains passeront par l'électricité, d'autres se manifesteront au travers d'objets, de chansons, d'odeurs…

Et l'âme de Jean-Pierre fait à Henry Vignaud cette confidence : « Mon installation dans l'au-delà s'est bien passée… Jean-Pierre n'y croyait pas trop, à l'au-delà… Maintenant que son âme vit ici avec les autres âmes, il regrette un peu ce manque d'intérêt : les âmes, il aurait aimé les connaître plus tôt… »

Et puis Henry Vignaud me rapporte ces paroles de Jean-Pierre que, jusqu'ici, je n'avais entendues qu'en moi-même, au plus secret, de pures paroles d'amour :

« Je t'aurais emmenée au bout du monde, Nathalie, mon amour. Je n'avais qu'un seul but dans la vie, celui de te protéger, de t'aider, de te combler. Celui de t'aimer. Cela va continuer. Pour l'éternité, cela va continuer. »

Henry Vignaud rouvre les yeux, son regard se tourne vers mon avant-bras gauche. Depuis peu se trouve à cet endroit, sous la manche de mon vêtement (Henry Vignaud ne peut donc pas le voir), un tatouage.

Les lettres J et P entrelacées autour d'un cœur. Regardé à l'envers, le symbole de l'infini.

Henry Vignaud sourit et me dit :

— Je dois encore vous dire quelque chose. Jean-Pierre me l'a confié : il l'aime beaucoup, ce tatouage.

MA PROTECTION CONTRE LE MAUVAIS ŒIL

Avoir la chance de vivre, au quotidien, avec ses âmes, ses anges gardiens, ces forces qui, depuis l'au-delà, veillent sur nous, n'agissent que pour notre bien, n'est pas une assurance contre toutes les difficultés, toutes les souffrances que la vie nous réserve.

En particulier, cela ne nous protège pas du mauvais œil.

Le mauvais œil : encore une notion qui va faire sourire celles et ceux qui s'accrochent à l'idée que tout doit être rationnel dans la vie.

Le mauvais œil, ils le rangent au rayon des croyances d'un autre temps, d'un folklore ayant cours dans des mondes encore peuplés de sorciers et de sorcières, de chamans, de marabouts et de grands prêtres, où se pratiquent magie noire, cérémonies vaudoues et autres rites maléfiques, des mondes où agissent des jeteurs de sorts, où, pour se prémunir de leurs sortilèges, de leurs envoûtements, de leurs maléfices, pour les combattre, on use de tout un attirail d'amulettes, de fétiches, de talismans, de grigris et de remèdes de grand-mère…

Les gens qui se moquent du mauvais œil, les gens qui ne croient pas à son existence, à son action, moi, j'ai envie de leur dire : « Vous n'y croyez pas, et pourtant… » Et pourtant, aujourd'hui comme hier, chez nous comme ailleurs, dans la vie de chacun, qu'on le veuille ou non, qu'on y croie ou non, il existe, le mauvais œil !

Évidemment qu'il existe !

En effet, qui n'a pas connu, ne connaît ou ne connaîtra pas, ces périodes où rien ne va, où la malchance, la poisse, semble s'acharner sur nous, où, quoi que l'on fasse, on sait que cela va mal se passer ?

Ces périodes, pour tout dire, où l'on se sent comme accablés de négativité.

À un moment ou à un autre, oui, nous les connaissons tous, nous les avons connues et les connaîtrons encore.

C'est la vie qui veut ça.

La vie où, continuellement, s'opposent des forces antagonistes.

La vie qui génère en nous les sentiments les plus beaux et les plus sombres, le bien et le mal…

S'il y a une règle dans la vie à laquelle j'essaie de ne pas déroger, c'est de ne jamais avoir envers autrui de sentiment malveillant. S'il arrive, hélas, qu'entre quelqu'un et moi de l'incompréhension, de la défiance, ou même de l'hostilité, s'installe, quoi qu'il advienne, je m'impose une attitude : l'indifférence.

Je fais donc partie des gens sur lesquels le mauvais œil aime venir se poser…

Et le fait que je sois ce qu'on appelle un « personnage public » n'arrange rien.

L'époque où nous vivons, qui, avec sa presse people, ses réseaux sociaux, aiguise les critiques, les jalousies, donne libre cours à la méchanceté, et même à la haine, fait de moi une cible de premier choix…

Depuis assez longtemps, donc, il m'a fallu apprendre à accepter que ma vie soit parfois perturbée par une intervention extérieure désagréable, malveillante ou carrément toxique.

L'accepter non pas de manière passive, mais avec des actions visant à m'en protéger ou à m'en défaire…

Il existe pour cela toutes sortes de méthodes. Vous avez certainement les vôtres, j'ai les miennes.

Peut-être partageons-nous celle-ci, que je pratique à chaque fois que cela est nécessaire : la méthode de l'œuf.

L'œuf qui, dans toutes les cultures, je pense, anciennes et actuelles, est le symbole même de la vie, de son développement, de son épanouissement.

Concentré d'énergie positive, il détruit tous les grains de sable, petits et gros, qui peuvent venir contrarier le cours heureux de la vie.

Lorsque ça ne va pas, et que je sens que mon malaise vient de quelque part, pour ne pas dire de quelqu'un, je prends donc un œuf, un simple œuf de poule.

Afin de le nettoyer, je le plonge dans de l'*agua de Florida*, eau reconnue depuis le XIVe siècle pour ses vertus protectrices, purificatrices et d'aide à l'élévation de l'énergie. Depuis lors, elle est utilisée à des fins spirituelles, énergétiques, dans différents rituels.

Je laisse l'œuf macérer dans l'*agua de Florida* pendant une heure.

Moi, pendant ce temps, étape primordiale : je fais le vide dans ma tête.

Je passe ensuite l'œuf sur mon corps, lentement, délicatement, du sommet de la tête à la plante des pieds (et toujours dans ce sens : de haut en bas).

Aucune pensée, aucun souvenir, aucune rêverie. Je ne pense à rien d'autre qu'à ce que l'œuf est en train de faire en passant sur mon corps : il est en train d'absorber toute la négativité qui s'y trouvait.

Choses importantes : accomplir ce rite dans une pièce dont la fenêtre est ouverte favorise l'élimination de cette négativité, et l'accomplir le dimanche soir ou le lundi matin permet de profiter pleinement de ses bienfaits tout au long de la semaine…

Le rite terminé, je vais voir de quoi il s'agissait au juste : en plus de sa capacité de retirer la négativité qui était en nous, l'œuf a en effet aussi celle de nous en révéler l'origine…

Pour cela, une fois que vous l'avez passé sur votre corps, il suffit de le casser dans un verre d'eau, et de regarder.

La manière dont le jaune de l'œuf est disposé dans l'eau nous renseigne sur ce qui nous est arrivé.

Par exemple :

— Si je vois de petites bulles autour du jaune de l'œuf, c'est que j'ai effectivement été soumise à des ondes négatives, qui m'ont été envoyées par quelqu'un de malveillant.

— Si le blanc de l'œuf fait des filaments, c'est que je suis comme prise dans les mailles d'un filet, empêchée d'évoluer comme je le voudrais.

— S'il y a dans le jaune de l'œuf une ou des taches de sang, c'est qu'une action de magie noire a été déclenchée contre moi.

— Si l'eau est trouble et contient une ou des taches de sang, *idem* : je suis la cible d'une action maléfique, je traverse une période de malchance.

— Si l'eau est trouble, mais ne contient aucune tache de sang, et ne dégage pas de mauvaise odeur, c'est que mon âme est mal en point. Elle a besoin que je prenne soin d'elle en pratiquant un rituel de purification.

— Si le jaune de l'œuf prend la forme d'un visage, ce visage est celui de la personne qui me veut du mal.

— Si dans le verre m'apparaît la forme d'un œil, alors c'est bien ça : je subis le mauvais œil.

Lorsque j'ai ainsi en somme fait le diagnostic de ma situation, je peux passer à la dernière étape : finir d'évacuer la négativité qui était en moi et la jeter là où elle mérite de l'être...

Pour cela, il faut utiliser un élément hautement purificateur : le sel. J'utilise celui qui, selon moi, a la puissance de destruction de la négativité la plus forte : le sel de l'Himalaya...

Et donc, le contenu de ce verre, je vais le jeter dans les toilettes, avec une bonne poignée de sel de l'Himalaya.

Puis je tire la chasse.

Après quoi, pour finir, je jette dans les toilettes une nouvelle poignée de sel de l'Himalaya : voilà le mauvais œil expulsé dans les égouts, renvoyé dans les immondices – chez lui.

Avec cela, bien souvent, il se passe des choses du côté de l'être malveillant : comme un retour de bâton, il se voit lui-même frappé par le mauvais œil.

Dans ce domaine où agit le mauvais œil, le domaine de la négativité, ce qui est à retenir, c'est que le négatif attire le négatif. Voilà ce qui vous freine dans vos sentiments amoureux, votre vie professionnelle, et qui peut avoir des conséquences sur votre état de santé.

Alors, lorsque vous voyez tout en noir, lorsque vous êtes submergé par des pensées sombres, posez vos malheurs, tout ce qui ralentit votre épanouissement, sur une page blanche.

Écrivez-les, oui.

Écrivez-les et, une fois que vous les avez écrits, ne vous relisez surtout pas : brûlez la feuille !

Alors, vous pouvez passer à une autre étape d'écriture.

Cette fois, dans un cahier, un joli cahier où vous allez écrire toutes les belles choses que vous avez en vous, toutes celles que vous souhaitez, et cela, en ignorant complètement le négatif, qui n'a rien à faire ici.

Ce que vous avez ainsi écrit dans votre joli cahier, vous pouvez le relire : relisez-vous, oui… Le positif attire le positif !

« L'ÂME HORS », L'EMI

La mort.

Si on décompose, cela donne : l'âme hors.

Depuis la mort de Jean-Pierre, c'est comme si je vivais dans un monde parallèle.

Un monde où pourtant je n'ai jamais été : celui où vivent les morts.

Je vis là-bas lorsque je pense à Jean-Pierre, c'est-à-dire très souvent. Je vis là-bas avec les signes, les messages que je reçois de lui.

Je vis là-bas, de la même manière, avec mes êtres chers disparus, leurs âmes qui veillent sur moi.

Ce monde, à la fois si proche et si loin, je ne le connais que par autrui.

Un jour, je ferai le « grand voyage », celui qui y conduit.

En attendant, il ne cesse de m'intriguer et de m'attirer.

Souvent, le soir, avant de m'endormir, je me demande à quoi il peut bien ressembler.

Je fais alors ce qu'on fait lorsqu'on cherche à en savoir plus sur tel ou tel sujet : je fais des recherches sur Internet...

C'est comme ça que j'ai découvert l'existence parmi nous de personnes ayant vécu une expérience hors du commun : elles ont fait le voyage vers le pays de la mort.

Elles ont passé la frontière, et elles ont fait demi-tour : elles sont revenues au pays des vivants.

Cette expérience exceptionnelle a un nom : EMI, « expérience de mort imminente ».

Celles et ceux qui l'ont faite sont des « expérienceurs ».

Leurs témoignages, assez nombreux, proviennent en majorité de personnes ayant survécu à un arrêt cardiaque.

À les lire, à les écouter, j'ai d'abord été frappée par leur très grande précision.

Chaque « expérienceur » se souvient parfaitement de ce qui est arrivé durant le temps qu'il a passé entre la vie et la mort.

Toujours plus près de la mort que de la vie, beaucoup plus près, et pourtant...

Pourtant, les expérienceurs en témoignent tous : durant l'épisode de mort imminente, rien de ce qui se passe alors dans la vie autour d'eux ne leur échappe !

Les médecins et les infirmières qui s'affairent, la famille, les proches présents sur place, et les autres, qui ne s'y trouvent pas : les faits et gestes de chacun, leurs paroles mêmes, ils voient tout, ils entendent tout et ils ressentent tout !

Cela, les personnes concernées (personnel de santé qui s'occupait du patient, membres de sa famille ou proches qui se trouvaient près de lui, autres membres de son entourage) en attestent toutes : lorsque l'expérienceur se réveille, lorsqu'il fait le récit de ce qu'il a vu, entendu et ressenti durant son EMI, ce qu'il raconte est chaque fois rigoureusement conforme à ce que chacun a fait, a dit, aux émotions qui ont été les siennes : rigoureusement conforme à ce qui s'est passé durant son « absence » et dont, souvent, l'expérienceur a eu une vision à 360 degrés.

Comment ne pas être impressionné, et même complètement remué, par ce phénomène, incroyable phénomène que la science tente aujourd'hui d'expliquer...

Prenant en compte les témoignages, tous très précis et concordants, apportés par les expérienceurs, les plus grands scientifiques, les plus grands médecins, mènent des recherches, essaient de percer le mystère…

À l'écoute, à la lecture de ces témoignages extraordinairement troublants apportés par les expérienceurs, j'ai été également frappée par le fait qu'ils décrivent tous la même succession d'événements…

D'abord, cette sensation, tout de suite après l'arrêt cardiaque, de se trouver à l'extérieur et au-dessus de son corps : la décorporation.

L'âme se sépare du corps.

À partir de ce moment, l'expérienceur dit ne plus pouvoir entrer en relation avec les vivants, ni par la voix ni par le toucher : il peut seulement les entendre.

Apparaît alors aux yeux de l'expérienceur un tunnel, un long, très long tunnel de lumière.

Une lumière resplendissante par laquelle il se sent attiré.

L'expérienceur est ainsi conduit jusqu'à un espace immense, un océan de lumière, d'une lumière encore plus extraordinaire que celle du tunnel, la lumière de mille soleils, mais qui n'éblouit pas, ne brûle pas : une lumière extrêmement accueillante qui se confond avec un immense sentiment de paix, d'harmonie. D'amour.

Des êtres, dans cette lumière, apparaissent. Des parents, des proches, des amis. Vivants et morts. Des êtres aimés, dont la présence est d'une intensité prodigieuse.

Et la vie que l'expérienceur a vécue avec ces personnes se met à défiler, avec ses moments de clarté et d'obscurité, de beauté et de laideur, de bien et de mal.

Comme les séquences d'un film dont le titre serait « Purgatoire ».

Lorsque le film est terminé, l'expérienceur ne voit plus que ses êtres chers disparus.

Ils ont le visage qu'ils avaient, non pas au moment de leur mort, mais au moment le plus heureux de leur vie avec l'expérienceur.

Ils lui disent :

— Ce n'est pas l'heure de nous rejoindre, pas encore. Retourne au pays des vivants. Au revoir.

Le retour est douloureux, car l'âme a du mal à réintégrer le corps, celui-ci lui paraissant comme étriqué.

L'expérience s'arrête d'un coup.

Brutalement, l'expérienceur retrouve sa condition de vivant.

Un vivant en l'occurrence mal en point, sur lequel les médecins sont en train de réaliser tout ce qui est en leur pouvoir pour le maintenir en vie.

De la vie qui reprend après une « expérience de mort imminente », là encore les expérienceurs disent tous la même chose.

Rien n'est plus pareil.

C'est comme un grand ménage : les valeurs sur lesquelles ils avaient jusqu'ici fondé leur existence sont remises en cause. La réussite sociale, l'individualisme, l'argent, le matérialisme : tout cela passe au second plan pour laisser la place à l'amour.

L'amour, sous toutes ses formes, devient une priorité absolue.

L'amour.

Ces heures que je passe, la nuit, à essayer de mieux connaître la mort grâce aux précieux témoignages des expérienceurs me ramènent immanquablement à lui.

À Jean-Pierre.

Je le vois tel qu'il m'apparaîtra lorsque j'arriverai à la porte de l'au-delà, ayant le visage qu'il avait au moment le plus heureux de notre vie : ce jour où nous nous sommes rencontrés, puis, quelque temps après, ces jours où nos enfants sont nés.

Je le vois avec ce beau visage et ce regard doux, lui qui veille sur nous trois, inquiet de notre bonheur...

— Ce n'est pas l'heure de me rejoindre, Nathalie, pas encore. Retourne au pays des vivants et sois heureuse. Tu as beaucoup de bonheur encore à connaître.

Certaines nuits, après avoir longuement écouté, sur Internet, les témoignages de personnes ayant fait l'expérience de mort imminente, je m'endors avec la voix de Jean-Pierre qui me dit ces mots.

Avec son visage dans un océan de lumière.

J'ai pensé aller le retrouver.

Jean-Pierre me dit que ce n'est pas l'heure.

Il me dit que c'est inutile, car il se trouve là, auprès de moi, au pays des vivants.

Il m'encourage à y poursuivre mon voyage.

Souvent, le soir, je le sens qui est là, à côté de moi, à côté des enfants.

Alors, apaisée, heureuse, je m'endors.

LA SYNCHRONICITÉ : MERCI POUR CES CADEAUX, MON AMOUR

Joli mois de juin.

Ton préféré, Jean-Pierre.

Le nôtre.

Déjà le deuxième que je passe sans toi.

Façon de parler.

Nous sommes ensemble. Nous sommes ensemble aujourd'hui comme nous l'étions hier, ou presque…

Nos âmes sont ensemble. La mienne, encore enfermée dans son enveloppe corporelle, et la tienne, qui s'est envolée, qui se trouve là-haut, dans le pays d'éternité.

Joli mois de juin, où la nature resplendit de son plus doux soleil, de ses plus belles couleurs, de ses parfums les plus délicats.

Tout y semble une fête, propice au bonheur.

Ce bonheur, Jean-Pierre, je le partage avec toi.

Et tout ce que la vie peut m'apporter de joie...

Un signe de toi, encore un : notre Tom, tiens, qui a réussi son permis de conduire ! Et, quel jour ? Le 23 juin, jour de l'anniversaire de notre mariage !

Mon fils, après l'examen, m'a téléphoné :

— Pas besoin de me dire le résultat, Tom, je sais que tu as réussi, le pendule me l'a déjà annoncé : c'est le cadeau que ton père nous fait en ce jour très spécial...

Cadeau de son papa, un papa qui est toujours là, veillant sur ses enfants, les accompagnant sur le chemin de la vie, leur donnant la force de son amour.

Joli mois de juin, où, ce même jour, tu viens, Jean-Pierre, me manifester ta présence de manière si inattendue : une histoire incroyable...

Qui commence avec Muriel, plus exactement avec l'amie de Sarah, elle-même amie de Muriel...

Elle s'appelle Frédérique : tout le monde l'appelle Fred.

Fred qui (tout le monde le dit, sans trop savoir au juste de quoi il retourne) est un peu chaman...

Un matin, Fred entend une voix. Cette voix lui dit, insistante :

— Va dans la forêt, Fred, va dans la forêt !

Fred fait ce que la voix lui a dit de faire.

Dans la forêt, la voix se fait de nouveau entendre :

— Maintenant, Fred, ramasse du bois et rapporte-le chez toi.

De nouveau, Fred fait ce que la voix lui dit de faire.

Avec le bois qu'elle a ramassé, elle rentre chez elle.

À la maison, Fred vaque à ses occupations lorsqu'une nouvelle fois, la voix s'adresse à elle :

— Il te faut des plumes. De belles plumes. Va en acheter.

Fred se demande où elle va bien pouvoir se procurer ce que la voix lui demande de se procurer... Des plumes, de belles plumes...

C'est dans un magasin vendant toutes sortes de fournitures pour les métiers d'art, les activités créatives, qu'elle trouve les plumes, les belles plumes demandées... Elle en choisit toute une collection, dans une variété de tailles et de couleurs.

La voilà chez elle, avec ces plumes et le bois ramassé dans la forêt.

Fred se sent alors investie d'une mission : celle de se servir de ce bois et de ces plumes pour fabriquer quelque chose.

Quoi ?

Fred ne le sait pas.

Sa tête et ses mains se mettent à travailler comme malgré elle, poussées, animées par une sorte de nécessité.

L'esprit de Fred est cependant fort d'une chose : la certitude que l'objet qu'elle est en train de fabriquer aura une utilité, car quelque part des personnes l'attendent, des personnes en ont besoin.

Fred fabrique une sorte de plumeau.

Attachées par des lanières de cuir à un manche de bois serti d'un fil de cuivre, de grandes plumes blanches et noires entourant des plumes de couleurs ; au centre, une plume de paon.

Cet objet terminé, cet objet qu'une force aussi mystérieuse qu'irrésistible a fait naître de ses mains, Fred reconnaît en lui un objet chamanique.

Elle lui donne un nom : Akawana.

Elle comprend le pouvoir qui l'habite, pouvoir uniquement destiné à faire le bien : l'Akawana est porteur d'énergie d'accompagnement, de protection, de libération et de guérison.

S'il a été fabriqué, c'est que quelqu'un quelque part a besoin de son intervention...

Cet Akawana, c'est pour moi que Fred a été appelée à le fabriquer : un jour, durant ce mois de juin, le destin a voulu que Muriel la rencontre.

C'était dans un contexte particulier, celui de la course automobile, où elles évoluent l'une et l'autre, où elles ont une amie commune.

Lors d'une soirée, se trouvant avec elle, Fred a ressenti la nécessité de parler de moi à Muriel, la nécessité de lui faire part de ce qu'elle ressentait à mon sujet, depuis plusieurs jours.

Fred a alors demandé à Muriel de lui prendre les bras. Ce que Muriel a fait.

Fred a alors ressenti d'intenses vibrations...

Des vibrations qui la ramenaient vers moi, et qui lui indiquaient que j'avais besoin de son aide.

Plus exactement de l'aide d'un Akawana.

Aussitôt Fred s'est mise au travail : elle a pris des plumes, des lanières de cuir, un fil de cuivre et un morceau de bois ; à mon intention, elle a fabriqué « mon » Akawana.

Au moment de me l'envoyer, problème : elle n'a pas d'emballage qui convient. Elle qui a l'habitude de bien faire les choses, ça l'embête vraiment.

Fred pense remettre l'envoi au lendemain, d'ici là elle se sera procuré l'emballage adéquat... Mais Fred entend alors une voix, une voix qui lui dit de prendre ce vilain carton et de m'envoyer l'Akawana sans délai : c'est impératif, il doit partir maintenant !

Fred m'envoie mon Akawana dans ce vilain carton...

C'est aujourd'hui, Jean-Pierre, c'est le jour de notre anniversaire de mariage que je le reçois (ce qu'évidemment Fred ignorait lorsqu'elle est allée me le poster)...

J'ouvre le paquet, découvre l'objet, un peu décontenancée, et lis le message qui l'accompagne.

Je veux parler à Fred, je lui téléphone.

Fred me dit qu'elle vient de découvrir, sur les réseaux sociaux, la place toute spéciale que ce jour, le 23 juin, a dans mon cœur.

Pour Fred comme pour moi, le fait que l'Akawana me soit parvenu ce jour et pas un autre n'est absolument pas un hasard...

Puis Fred m'explique ce qu'est un Akawana.

Je comprends alors que la voix qui l'a poussée à fabriquer celui que je tiens dans la main était celle de Jean-Pierre. Fred entendait :

« Tu es entourée par les anges, ta connexion avec eux est pure. »

Et puis…

« Lorsque tu doutes, ou lorsque tu sens que cette connexion est moins forte, prends ton Akawana, pose-le contre ton cœur et sens, ressens tout l'amour que je te porte, que je t'envoie. »

Dans son message écrit, Fred me précise la fonction de mon Akawana.

Il vient m'aider à ouvrir mon « chakra racine ».

Le « chakra racine » est notre premier chakra, la base de tous les autres. Il conditionnne nos besoins primaires, celui de respirer, donc, ceux de boire et de manger, celui de dormir… La couleur rouge lui est associée.

Tandis que je lis le message de Fred, instinctivement, je me suis mise à tenir mon Akawana des deux mains et à le serrer contre moi… Depuis plusieurs jours, j'avais le dos complètement bloqué, j'étais raide comme une planche : voilà que je sens mon corps lentement se décontracter…

Dans son message, Fred m'aide aussi à lire mon Akawana. Les deux séries de plumes blanches qui le constituent correspondent aux ailes de deux anges qui ont été séparés et que l'Akawana réunit à nouveau.

Au cœur de l'Akawana, les deux énergies angéliques se sont rejointes et se trouvent désormais concentrées.

Fred, pour terminer son message, me confie que, tandis qu'elle fabriquait mon Akawana, elle entendait aussi ces mots :

« Je t'aime. »

... Joli mois de juin, où nous fêtons, Jean-Pierre, notre anniversaire de mariage.

Tu avais l'habitude de m'offrir un bouquet de roses rouges, mes préférées... Rouge que je retrouve sur la plume dominante de mon Akawana...

Dans ce bouquet, tu voulais qu'il y ait autant de roses que d'années que nous avions passées ensemble, unis par les liens du mariage.

Ainsi, cette année, il devrait en compter seize.

Mais j'en vois plus, beaucoup plus.

Avec cet objet sacré, chamanique, avec cet Akawana que je serre contre mon cœur, je vois, Jean-Pierre, les roses innombrables que seul l'amour éternel peut offrir, des milliards de fleurs.

Et ce joli mois de juin n'a pas fini de m'offrir de belles synchronicités...

Nous voici quelques jours plus tard, le 26.

Sylvie Tellier est faite chevalière de l'ordre national du Mérite, elle reçoit sa médaille des mains de Marlène Schiappa, secrétaire d'État chargée de l'Économie sociale et solidaire et de la Vie associative.

J'assiste à la cérémonie.

Lors de son discours, Marlène Schiappa commet un lapsus : retraçant le beau parcours de Sylvie, au lieu de dire « Jean-Pierre Foucault », elle dit « Jean-Pierre Pernaut ».

Son intervention terminée, elle vient gentiment me voir pour s'excuser de sa bourde.

Ma réponse fuse, elle vient du cœur :

— Quelle joie pour moi, quel bonheur, d'entendre « Jean-Pierre Pernaut » ! Ça signifie que mon mari, qui adorait Sylvie, est là, avec nous ! Son âme est avec nous !

Qu'est-ce que la ministre a dû penser de moi ? me suis-je demandé, après coup : elle n'a peut-être pas les mêmes croyances que moi...

Lorsque Sylvie, qui était si attachée à Jean-Pierre, m'a dit être convaincue du bien-fondé de ma réaction, alors je ne me suis plus inquiétée !

L'AMOUR, LA MORT, L'ÂME

Mon récit se termine.

J'ai envie de dire notre livre, car ce qu'il m'a fallu de détermination pour l'écrire, c'est Jean-Pierre qui me l'a donné.

Lorsqu'il est parti, les premiers temps, plongée dans le chagrin comme je l'étais, je n'ai pas vraiment perçu la très forte émotion ressentie par celles et ceux qui, au-delà de notre famille et de nos proches, étaient ses amis : le public.

Progressivement, avec les lettres et les messages de sympathie très nombreux qui m'étaient adressés, avec les témoignages d'affection que je recevais, que ce soit dans mes activités quotidiennes ou professionnelles, j'en ai mesuré l'importance et la sincérité.

Alors, l'idée du livre a commencé à se dessiner…

Un livre pour dire merci, comme ne manquait jamais de le faire Jean-Pierre lorsque son public lui manifestait de manière particulière son attachement, sa fidélité.

Mais, avec cette idée qui s'imposait, une crainte est venue : celle de voir ma démarche mal interprétée. Rien n'est simple aujourd'hui, lorsqu'on a une existence un tant soit peu médiatique. Très vite, vous pouvez voir vos meilleures intentions être injustement remises en cause, et vous retrouver suspecté, voire accusé du pire...

Ma crainte, Jean-Pierre, t'a fait sourire.

Ce grand sourire qui est ton arme secrète contre tout ce qui peut venir s'opposer à l'expression de ce que la vie a de plus simple, de plus sincère.

« Écris-le, Nathalie, écrire-le, ce livre, t'ai-je entendu me dire, écris-le avec ton cœur, notre histoire mérite d'être racontée, puisqu'elle est celle de l'amour... »

Avec Jean-Pierre auprès de moi, avec son regard par-dessus mon épaule, j'ai donc entamé le récit de notre bonheur lorsque celui-ci s'est soudain trouvé confronté à l'épreuve cruelle de la maladie et de la mort.

Épreuve qui n'arrive qu'aux autres : c'est ce qu'on croit, ce dont on est persuadé, quand on est jeune.

Épreuve à laquelle on commence à penser, en prenant de l'âge, que l'on commence à redouter.

Épreuve qui, un jour, arrive, et il est impossible de lui échapper. Il faut endurer tout ce qu'elle nous impose d'endurer : l'incertitude, le désarroi, la colère, la révolte, l'épuisement, l'accablement, la peur, la tristesse, le chagrin, le déchirement, le vide.

Toutes ces souffrances, nous les avons vécues comme d'autres les ont vécues avant nous, comme d'autres les vivent, les vivront.

En faire le récit comme je l'ai fait au fil de ces pages est le résultat d'une démarche dans laquelle, là encore, nous nous retrouvons complètement, Jean-Pierre et moi : démarche consistant à mettre des mots, à faire entendre une parole là où, trop souvent, le silence s'installe. Le silence qui isole et affaiblit, qui, de ce fait, ajoute à la souffrance.

Alors, ce livre *pour dire merci*, j'espère de tout mon cœur qu'il sera aussi un livre *pour aider*. Aider à se sentir moins seul dans l'épreuve, aider à s'y sentir plus fort.

L'amour, la mort, l'âme...

Ces mots, au long de ces derniers mois, tandis que je pensais à ce livre, tandis que je l'écrivais, je n'ai cessé de les entendre.

L'amour, la mort, l'âme...

C'est curieux comme ils *chantent* bien ensemble.

Peut-être est-ce parce qu'ils sont indissociables.

Peut-être est-ce parce qu'ils constituent, à eux trois, le cœur de nos vies, leur vérité.

L'amour, la mort, l'âme…

Je les entends dans cet ordre-là.

L'amour d'abord.

L'amour : sans lui pas de vie.

Puis, au centre, la mort.

Comme un pont entre deux rives.

La mort qui relie l'amour et l'âme.

Qui conduit l'amour à l'éternité.

Ce chemin, c'est toi, Jean-Pierre, qui me l'as montré.

L'amour, la mort, l'âme…

C'est ta voix, Jean-Pierre, que j'entends toujours, ce sont ces signes que tu m'envoies, ta présence douce et tendre auprès de moi.

Ce sont nos *je t'aime* qui ne connaîtront pas de fin.

Les êtres qui s’aiment vraiment
ne sont limités ni par l’espace ni par le temps.
Ils sont liés par l’âme,
un lien bien plus intime,
plus inséparable que celui du corps.

François Cheng
L’éternité n’est pas de trop

Achevé d'imprimer en janvier 2024
sur les presses de la Nouvelle Imprimerie Laballery
58500 Clamecy
Dépôt légal : novembre 2023
Numéro d'impression : 401112

Imprimé en France

La Nouvelle Imprimerie Laballery est titulaire de la marque Imprim'Vert®

Composition : Soft Office

23 juin 2007, notre mariage : le plus beau jour de ma vie avec ceux des naissances de nos enfants.

Notre fille, Lou, s'improvise maquilleuse de son « papa adoré » pendant le « 13 heures à la maison », lors du confinement dû au Covid.

Le « 13 heures à la maison » : Jean-Pierre s'apprête à prendre l'antenne dans ce studio improvisé dans notre salon.

Derniers instants de Jean-Pierre entouré de ses fils sur un circuit automobile. La veille, j'avais fait un cauchemar d'un accident avec de la suie lui recouvrant le corps : le lendemain on nous annonçait la découverte de son cancer du poumon.

Notre ultime déjeuner en amoureux
sur notre plage favorite à Pramousquier
dans le Sud, la semaine avant son entrée
à l'hôpital, à Paris, début juillet 2021.

Jean-Pierre souffle sa dernière bougie
à l'hôpital, à l'occasion de notre
anniversaire de fiançailles,
le 22 février 2022.

À l'occasion de notre anniversaire de fiançailles, je lui offre une petite boîte de caviar qu'il n'ouvrira jamais… Je l'ai ensuite déposée dans son cercueil.

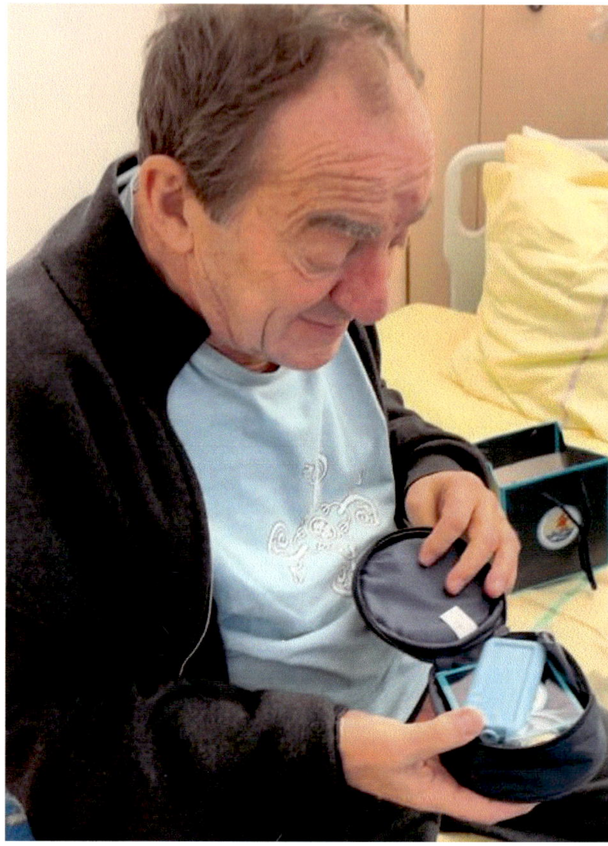

Une perruche me rend visite lors de mon 1er réveil dans ma nouvelle maison. Rencontrer cet animal spirituel nous invite à prospérer dans les situations les plus difficiles.

Salon du livre en juin 2022,
le médium Jean Testanière évoque
ma protection par Jean-Pierre
et pendant la séance photos qui suit,
un halo de lumière m'habille.

La médium Céline Franoux m'annonce
au téléphone que Jean-Pierre me fera signe
au travers d'un papillon, aussitôt il apparaît
au bord de la fenêtre de ma chambre.

À 21 h 21, la photo de Jean-Pierre s'affiche sur mon écran de téléphone lors du concert « Tout le monde chante contre le cancer ». Cette « heure miroir » est venue nous donner l'énergie nécessaire pour arriver à surmonter les épreuves.

Dans ma salle de bains, sans signe de Jean-Pierre depuis plusieurs jours, je prie pour qu'il m'en envoie un : à cet instant, un cœur apparaît quand j'entre dans ma douche.